# PREFÁCIO

A coleção de frases de viagem "Vai tudo correr bem!" publicada pela T&P Books é concebida para pessoas que vão ao estrangeiro em viagens de turismo e negócios. Os livros de frases contêm o que é mais importante - o essencial para uma comunicação básica. Este é um conjunto indispensável de frases para "sobreviver" no estrangeiro.

Este Guia de Conversação irá ajudá-lo na maioria das situações em que precise de perguntar alguma coisa, obter direções, saber quanto custa algo, etc. Pode também resolver situações de difícil comunicação onde os gestos simplesmente não ajudam.

Este livro contém uma série de frases que foram agrupadas de acordo com os tópicos mais relevantes. A edição também inclui um pequeno vocabulário que contém aproximadamente 3.000 das palavras mais frequentemente usadas. Outra secção do Guia de Conversação fornece um dicionário gastronômico que pode ajudá-lo a pedir comida num restaurante ou comprar alimentos numa loja.

Leve consigo para a estrada o Guia de Conversação "Vai tudo correr bem!" e terá um companheiro de viagem insubstituível, que irá ajudá-lo a encontrar o seu caminho em qualquer situação e ensiná-lo a não recear falar com estrangeiros.

# TABELA DE CONTEÚDOS

T&P Books Publishing

Coleção Guias de Conversação
"Vai tudo correr bem!"

T&P Books Publishing

# GUIA DE CONVERSAÇÃO

## TURCO

**AS PALAVRAS E AS FRASES MAIS ÚTEIS**

Este guia de conversação
contém frases e perguntas
comuns essenciais para uma
comunicação básica
com estrangeiros

**T&P BOOKS**

**Frases + dicionário de 3000 palavras**

# Guia de Conversação Português-Turco e vocabulário temático 3000 palavras

Por Andrey Taranov

A coleção de frases de viagem "Vai tudo correr bem!" publicada pela T&P Books é concebida para pessoas que vão ao estrangeiro em viagens de turismo e negócios. Os livros de frases contêm o que é mais importante - o essencial para uma comunicação básica. Este é um conjunto indispensável de frases para "sobreviver" no estrangeiro.

Este livro também inclui um pequeno vocabulário temático que contém aproximadamente 3.000 das palavras mais frequentemente usadas. Outra secção do Guia de Conversação disponibiliza um dicionário gastronômico que pode ajudá-lo a pedir comida num restaurante ou comprar alimentos numa loja.

Copyright © 2015 T&P Books Publishing

Todos os direitos reservados. Nenhuma parte desta publicação pode ser reproduzida, total ou parcialmente, por quaisquer métodos ou processos, sejam eles eletrónicos, mecânicos, de fotocópia ou outros, sem a autorização escrita do editor. Esta publicação não pode ser divulgada, copiada ou distribuída em nenhum formato.

Editora T&P Books
www.tpbooks.com

ISBN: 978-1-78492-614-4

Este livro também está disponível em formato E-book.
Por favor visite www.tpbooks.com ou as principais livrarias on-line.

# PRONÚNCIA

| Letra | Exemplo Turco | Alfabeto fonético T&P | Exemplo Português |
|-------|---------------|------------------------|--------------------|

## Vogais

| Letra | Exemplo Turco | Alfabeto fonético T&P | Exemplo Português |
|-------|---------------|------------------------|--------------------|
| A a | ada | [a] | chamar |
| E e | eş | [e] | metal |
| I ı | tıp | [ı] | sinónimo |
| İ i | isim | [i] | sinónimo |
| O o | top | [ɔ] | emboço |
| Ö ö | ödül | [ø] | orgulhoso |
| U u | mum | [u] | bonita |
| Ü ü | süt | [y] | questionar |

## Consoantes

| Letra | Exemplo Turco | Alfabeto fonético T&P | Exemplo Português |
|-------|---------------|------------------------|--------------------|
| B b | baba | [b] | barril |
| C c | cam | [ʤ] | adjetivo |
| Ç ç | çay | [ʧ] | Tchau! |
| D d | diş | [d] | dentista |
| F f | fikir | [f] | safári |
| G g | güzel | [g] | gosto |
| Ğ ğ [1] | oğul | | letra muda |
| Ğ ğ [2] | öğle vakti | [j] | géiser |
| H h | hata | [h] | [h] aspirada |
| J j | jest | [ʒ] | talvez |
| K k | komşu | [k] | kiwi |
| L l | lise | [l] | libra |
| M m | meydan | [m] | magnólia |
| N n | neşe | [n] | natureza |
| P p | posta | [p] | presente |
| R r | rakam | [r] | riscar |
| S s | sabah | [s] | sanita |
| Ş ş | şarkı | [ʃ] | mês |
| T t | tren | [t] | tulipa |

| Letra | Exemplo Turco | Alfabeto fonético T&P | Exemplo Português |
|-------|---------------|------------------------|-------------------|
| V v | vazo | [v] | fava |
| Y y | yaş | [j] | géiser |
| Z z | zil | [z] | sésamo |

# Comentários

˙ As letras **Ww**, **Xx** só são usadas em palavras estrangeiras

[1] silencioso depois de vogais ásperas (**a, ı, o, u**) e prolonga essas vogais

[2] depois de vogais brandas (**e, i, ö, ü**)

# LISTA DE ABREVIATURAS

## Abreviaturas do Português

| | | |
|---|---|---|
| adj | - | adjetivo |
| adv | - | advérbio |
| anim. | - | animado |
| conj. | - | conjunção |
| desp. | - | desporto |
| etc. | - | etecetra |
| ex. | - | por exemplo |
| f | - | nome feminino |
| f pl | - | feminino plural |
| fem. | - | feminino |
| inanim. | - | inanimado |
| m | - | nome masculino |
| m pl | - | masculino plural |
| m, f | - | masculino, feminino |
| masc. | - | masculino |
| mat. | - | matemática |
| mil. | - | militar |
| pl | - | plural |
| prep. | - | preposição |
| pron. | - | pronome |
| sb. | - | sobre |
| sing. | - | singular |
| v aux | - | verbo auxiliar |
| vi | - | verbo intransitivo |
| vi, vt | - | verbo intransitivo, transitivo |
| vp | - | verbo pronominal |
| vt | - | verbo transitivo |

**T&P BOOKS**

# GUIA DE
# CONVERSAÇÃO
# TURCO

Esta secção contém frases
importantes que podem vir
a ser úteis em várias
situações da vida real.
O Guia de Conversação irá
ajudá-lo a pedir orientações,
esclarecer um preço,
comprar bilhetes e pedir
comida num restaurante

**T&P Books Publishing**

# CONTEÚDO DO GUIA DE CONVERSAÇÃO

T&P Books Publishing

| | |
|---|---|
| Desculpe, ... | **Affedersiniz, ...**<br>[affedɛrsiniz, ...] |
| Olá! | **Merhaba.**<br>[mɛrhaba] |
| Obrigado /Obrigada/. | **Teşekkürler.**<br>[tɛʃekkyrlɛr] |
| Adeus. | **Hoşça kalın.**<br>[hoʃʧa kalın] |
| Sim. | **Evet.**<br>[ɛvet] |
| Não. | **Hayır.**<br>[hajır] |
| Não sei. | **Bilmiyorum.**<br>[bilmijorum] |
| Onde? | Para onde? | Quando? | **Nerede? | Nereye? | Ne zaman?**<br>[nɛrɛdɛ? | nɛrɛje? | nɛ zaman?] |

| | |
|---|---|
| Preciso de ... | **Bana ... lazım.**<br>[bana ... lazım] |
| Eu queria ... | **... istiyorum.**<br>[... istijorum] |
| Tem ...? | **Sizde ... var mı?**<br>[sizdɛ ... var mı?] |
| Há aqui ...? | **Burada ... var mı?**<br>[burada ... var mı?] |
| Posso ...? | **... yapabilir miyim?**<br>[... japabilir mijim?] |
| ..., por favor | **..., lütfen**<br>[..., lytfɛn] |

| | |
|---|---|
| Estou à procura de ... | **Ben ... arıyorum.**<br>[ben ... arıjorum] |
| casa de banho | **tuvaleti**<br>[tuvaleti] |
| Multibanco | **bankamatik**<br>[bankamatik] |
| farmácia | **eczane**<br>[ɛʤzane] |
| hospital | **hastane**<br>[hastanɛ] |
| esquadra de polícia | **karakolu**<br>[karakolu] |
| metro | **metroyu**<br>[metroju] |

| | |
|---|---|
| táxi | **taksi**<br>[taksi] |
| estação de comboio | **tren istasyonunu**<br>[tren istasjonunu] |

| | |
|---|---|
| Chamo-me … | **Benim adım …**<br>[benim adım …] |
| Como se chama? | **Adınız nedir?**<br>[adınız nɛdir?] |
| Pode-me dar uma ajuda? | **Bana yardım edebilir misiniz, lütfen?**<br>[bana jardım ɛdɛbilir misiniz, lytfɛn?] |
| Tenho um problema. | **Bir sorunum var.**<br>[bir sorunum var] |
| Não me sinto bem. | **Kendimi iyi hissetmiyorum.**<br>[kendimi iji hissɛtmijorum] |
| Chame a ambulância! | **Ambulans çağırın!**<br>[ambulans tʃaːɪrın!] |
| Posso fazer uma chamada? | **Telefonunuzdan bir arama yapabilir miyim?**<br>[tɛlefonunuzdan bir arama japabilir mijim?] |

| | |
|---|---|
| Desculpe. | **Üzgünüm.**<br>[yzgynym] |
| De nada. | **Rica ederim.**<br>[ridʒa ɛdɛrim] |

| | |
|---|---|
| eu | **Ben, bana**<br>[ben, bana] |
| tu | **sen**<br>[sen] |
| ele | **o**<br>[o] |
| ela | **o**<br>[o] |
| eles | **onlar**<br>[onlar] |
| elas | **onlar**<br>[onlar] |
| nós | **biz**<br>[biz] |
| vocês | **siz**<br>[siz] |
| você | **siz**<br>[siz] |

| | |
|---|---|
| ENTRADA | **GİRİŞ**<br>[giriʃ] |
| SAÍDA | **ÇIKIŞ**<br>[tʃikiʃ] |
| FORA DE SERVIÇO | **HİZMET DIŞI**<br>[hizmɛt dıʃı] |

| FECHADO | **KAPALI** |
| | [kapali] |
| ABERTO | **AÇIK** |
| | [atʃik] |
| PARA SENHORAS | **KADINLAR İÇİN** |
| | [kadinlar itʃin] |
| PARA HOMENS | **ERKEKLER İÇİN** |
| | [ɛrkeklɛr itʃin] |

# Perguntas

| | |
|---|---|
| Onde? | **Nerede?**<br>[nɛrɛdɛ?] |
| Para onde? | **Nereye?**<br>[nɛrɛje?] |
| De onde? | **Nereden?**<br>[nɛrɛdɛn?] |
| Porquê? | **Neden?**<br>[nɛdɛn?] |
| Porque razão? | **Niçin?**<br>[nitʃin?] |
| Quando? | **Ne zaman?**<br>[nɛ zaman?] |

| | |
|---|---|
| Quanto tempo? | **Ne kadar sürdü?**<br>[nɛ kadar syrdy?] |
| A que horas? | **Ne zaman?**<br>[nɛ zaman?] |
| Quanto? | **Ne kadar?**<br>[nɛ kadar?] |
| Tem ...? | **Sizde ... var mı?**<br>[sizdɛ ... var mı?] |
| Onde fica ...? | **... nerede?**<br>[... nɛrɛdɛ?] |

| | |
|---|---|
| Que horas são? | **Saat kaç?**<br>[saat katʃ?] |
| Posso fazer uma chamada? | **Telefonunuzdan bir arama yapabilir miyim?**<br>[tɛlefonunuzdan bir arama japabilir mijim?] |
| Quem é? | **Kim o?**<br>[kim o?] |
| Posso fumar aqui? | **Burada sigara içebilir miyim?**<br>[burada sigara itʃebilir mijim?] |
| Posso ...? | **... yapabilir miyim?**<br>[... japabilir mijim?] |

# Necessidades

| | |
|---|---|
| Eu gostaria de ... | ... istiyorum.<br>[... istijorum] |
| Eu não quero ... | ... istemiyorum.<br>[... istɛmijorum] |
| Tenho sede. | Susadım.<br>[susadım] |
| Eu quero dormir. | Uyumak istiyorum.<br>[ujumak istijorum] |

| | |
|---|---|
| Eu queria ... | ... istiyorum.<br>[... istijorum] |
| lavar-me | Elimi yüzümü yıkamak<br>[ɛlimi jyzymy jıkamak] |
| escovar os dentes | Dişlerimi fırçalamak<br>[diʃlerimi fırtʃalamak] |
| descansar um pouco | Biraz dinlenmek<br>[biraz dinlenmek] |
| trocar de roupa | Üstümü değiştirmek<br>[ystymy dɛ:iʃtirmek] |

| | |
|---|---|
| voltar ao hotel | Otele geri dönmek<br>[otɛle geri dønmek] |
| comprar ... | ... satın almak<br>[... satın almak] |
| ir para ... | ... gitmek<br>[... gitmek] |
| visitar ... | ... ziyaret etmek<br>[... zijarɛt ɛtmek] |
| encontrar-me com ... | ... ile buluşmak<br>[... ile buluʃmak] |
| fazer uma chamada | Bir arama yapmak<br>[bir arama japmak] |

| | |
|---|---|
| Estou cansado /cansada/. | Yorgunum.<br>[jorgunum] |
| Nós estamos cansados /cansadas/. | Yorgunuz.<br>[jorgunuz] |
| Tenho frio. | Üşüdüm.<br>[yʃydym] |
| Tenho calor. | Sıcakladım.<br>[sıdʒakladım] |
| Estou bem. | İyiyim.<br>[ijijim] |

| | |
|---|---|
| Preciso de telefonar. | **Telefon etmem lazım.**<br>[tɛlefon ɛtmɛm lazım] |
| Preciso de ir à casa de banho. | **Lavaboya gitmem lazım.**<br>[lavaboja gitmɛm lazım] |
| Tenho de ir. | **Gitmem gerek.**<br>[gitmɛm gerek] |
| Tenho de ir agora. | **Artık gitmem gerek.**<br>[artık gitmɛm gerek] |

# Perguntando por direções

| | |
|---|---|
| Desculpe, ... | **Affedersiniz, ...**<br>[affedɛrsiniz, ...] |
| Onde fica ...? | **... nerede?**<br>[... nɛrɛdɛ?] |
| Para que lado fica ...? | **... ne tarafta?**<br>[... nɛ tarafta?] |
| Pode-me dar uma ajuda? | **Bana yardımcı olabilir misiniz, lütfen?**<br>[bana jardımdʒı olabilir misiniz, lytfɛn?] |

| | |
|---|---|
| Estou à procura de ... | **... arıyorum.**<br>[... arıjorum] |
| Estou à procura da saída. | **Çıkışı arıyorum.**<br>[tʃıkıʃı arıjorum] |
| Eu vou para ... | **... gidiyorum.**<br>[... gidijorum] |
| Estou a ir bem para ...? | **... gitmek için doğru yolda mıyım?**<br>[... gitmek itʃin do:ru jolda mıjım?] |

| | |
|---|---|
| Fica longe? | **Uzak mıdır?**<br>[uzak mıdır?] |
| Posso ir até lá a pé? | **Oraya yürüyerek gidebilir miyim?**<br>[oraja jyryjerek gidɛbilir mijim?] |
| Pode-me mostrar no mapa? | **Yerini haritada gösterebilir misiniz?**<br>[jerini haritada gøstɛrɛbilir misiniz?] |
| Mostre-me onde estamos de momento. | **Şu an nerede olduğumuzu gösterir misiniz?**<br>[ʃu an nɛrɛdɛ oldu:umuzu gøstɛrir misiniz?] |

| | |
|---|---|
| Aqui | **Burada**<br>[burada] |
| Ali | **Orada**<br>[orada] |
| Por aqui | **Bu taraftan**<br>[bu taraftan] |

| | |
|---|---|
| Vire à direita. | **Sağa dönün.**<br>[sa:a dønyn] |
| Vire à esquerda. | **Sola dönün.**<br>[sola dønyn] |
| primeira (segunda, terceira) curva | **ilk (ikinci, üçüncü) çıkış**<br>[ilk (ikindʒi, ytʃyndʒy) tʃıkıʃ] |
| para a direita | **sağa**<br>[sa:a] |

para a esquerda

**sola**
[sola]

Vá sempre em frente.

**Dümdüz gidin.**
[dymdyz gidin]

# Sinais

| | |
|---|---|
| BEM-VINDOS! | **HOŞ GELDİNİZ!**<br>[hoʃ gɛldiniz!] |
| ENTRADA | **GİRİŞ**<br>[giriʃ] |
| SAÍDA | **ÇIKIŞ**<br>[tʃɯkɯʃ] |
| EMPURRAR | **İTİNİZ**<br>[itiniz] |
| PUXAR | **ÇEKİNİZ**<br>[tʃekiniz] |
| ABERTO | **AÇIK**<br>[atʃɯk] |
| FECHADO | **KAPALI**<br>[kapali] |
| PARA SENHORAS | **BAYAN**<br>[bajan] |
| PARA HOMENS | **BAY**<br>[baj] |
| HOMENS, CAVALHEIROS (M) | **BAY**<br>[baj] |
| SENHORAS (F) | **BAYAN**<br>[bajan] |
| DESCONTOS | **İNDİRİM**<br>[indirim] |
| SALDOS | **İNDİRİM**<br>[indirim] |
| GRATUITO | **BEDAVA**<br>[bedava] |
| NOVIDADE! | **YENİ!**<br>[jeni!] |
| ATENÇÃO! | **DİKKAT!**<br>[dikkat!] |
| NÃO HÁ VAGAS | **BOŞ YER YOK**<br>[boʃ jer jok] |
| RESERVADO | **REZERVE**<br>[rezɛrvɛ] |
| ADMINISTRAÇÃO | **MÜDÜRİYET**<br>[mydyrijet] |
| ACESSO RESERVADO | **PERSONEL HARİCİ GİRİLMEZ**<br>[personɛl haridʒi girilmɛz] |

| | |
|---|---|
| CUIDADO COM O CÃO | **DİKKAT KÖPEK VAR!**<br>[dikkat køpek var!] |
| NÃO FUMAR! | **SİGARA İÇMEK YASAKTIR!**<br>[sigara itʃmek jasaktir!] |
| NÃO MEXER! | **DOKUNMAYINIZ!**<br>[dokunmajiniz!] |
| PERIGOSO | **TEHLİKELİ**<br>[tehlikɛli] |
| PERIGO | **TEHLİKE**<br>[tehlikɛ] |
| ALTA TENSÃO | **YÜKSEK GERİLİM**<br>[jyksek gerilim] |
| PROIBIDO NADAR | **YÜZMEK YASAKTIR!**<br>[jyzmek jasaktir!] |
| FORA DE SERVIÇO | **HİZMET DIŞI**<br>[hizmɛt diʃi] |
| INFLAMÁVEL | **YANICI**<br>[janidʒi] |
| PROIBIDO | **YASAK**<br>[jasak] |
| PASSAGEM PROIBIDA | **GİRİLMEZ!**<br>[girilmɛz!] |
| PINTADO DE FRESCO | **YENİ BOYANMIŞ ALAN**<br>[jeni bojanmiʃ alan] |
| FECHADO PARA OBRAS | **TADİLAT SEBEBİYLE KAPALIDIR**<br>[tadilat sebɛbijlɛ kapalidir] |
| TRABALHOS NA VIA | **İLERİDE YOL ÇALIŞMASI VAR**<br>[ileridɛ jol tʃaliʃmasi var] |
| DESVIO | **TALİ YOL**<br>[tali jol] |

# Transportes. Frases gerais

| | |
|---|---|
| avião | **uçak**<br>[utʃak] |
| comboio | **tren**<br>[tren] |
| autocarro | **otobüs**<br>[otobys] |
| ferri | **feribot**<br>[feribot] |
| táxi | **taksi**<br>[taksi] |
| carro | **araba**<br>[araba] |

| | |
|---|---|
| horário | **tarife**<br>[tarifɛ] |
| Onde posso ver o horário? | **Tarifeyi nereden görebilirim?**<br>[tarifɛji nɛrɛdɛn gørebilirim?] |
| dias de trabalho | **haftaiçi**<br>[hafta itʃi] |
| fins de semana | **haftasonu**<br>[hafta sonu] |
| férias | **tatil günleri**<br>[tatil gynleri] |

| | |
|---|---|
| PARTIDA | **KALKIŞ**<br>[kalkiʃ] |
| CHEGADA | **VARIŞ**<br>[variʃ] |
| ATRASADO | **RÖTARLI**<br>[røtarli] |
| CANCELADO | **İPTAL**<br>[iptal] |

| | |
|---|---|
| próximo (comboio, etc.) | **bir sonraki**<br>[bir sonraki] |
| primeiro | **ilk**<br>[ilk] |
| último | **son**<br>[son] |

| | |
|---|---|
| Quando é o próximo ...? | **Bir sonraki ... ne zaman?**<br>[bir sonraki ... nɛ zaman?] |
| Quando é o primeiro ...? | **İlk ... ne zaman?**<br>[ilk ... nɛ zaman?] |

Quando é o último ...?

**Son ... ne zaman?**
[son ... nɛ zaman?]

transbordo

**aktarma**
[aktarma]

fazer o transbordo

**aktarma yapmak**
[aktarma japmak]

Preciso de fazer o transbordo?

**Aktarma yapmam gerekiyor mu?**
[aktarma japmam gerekijor mu?]

# Comprando bilhetes

| | |
|---|---|
| Onde posso comprar bilhetes? | **Nereden bilet alabilirim?**<br>[nɛrɛdɛn bilet alabilirim?] |
| bilhete | **bilet**<br>[bilet] |
| comprar um bilhete | **bilet almak**<br>[bilet almak] |
| preço do bilhete | **bilet fiyatı**<br>[bilet fijatı] |

| | |
|---|---|
| Para onde? | **Nereye?**<br>[nɛrɛje?] |
| Para que estação? | **Hangi istasyona?**<br>[hangi istasjona?] |
| Preciso de … | **Bana … lazım.**<br>[bana … lazım] |
| um bilhete | **bir bilet**<br>[bir bilet] |
| dois bilhetes | **iki bilet**<br>[iki bilet] |
| três bilhetes | **üç bilet**<br>[ytʃ bilet] |

| | |
|---|---|
| só de ida | **tek yön**<br>[tek jøn] |
| de ida e volta | **gidiş-dönüş**<br>[gidiʃ-dønyʃ] |
| primeira classe | **birinci sınıf**<br>[birindʒi sınıf] |
| segunda classe | **ikinci sınıf**<br>[ikindʒi sınıf] |

| | |
|---|---|
| hoje | **bugün**<br>[bugyn] |
| amanhã | **yarın**<br>[jarın] |
| depois de amanhã | **yarından sonraki gün**<br>[jarından sonraki gyn] |
| de manhã | **sabah**<br>[sabah] |
| à tarde | **öğleden sonra**<br>[øːledɛn sonra] |
| ao fim da tarde | **akşam**<br>[akʃam] |

| | |
|---|---|
| lugar de corredor | **koridor tarafı koltuk**<br>[koridor tarafı koltuk] |
| lugar à janela | **pencere kenarı koltuk**<br>[pendʒɛrɛ kɛnarı koltuk] |
| Quanto? | **Ne kadar?**<br>[nɛ kadar?] |
| Posso pagar com cartão de crédito? | **Kredi kartıyla ödeyebilir miyim?**<br>[krɛdi kartıjla ødejebilir mijim?] |

# Autocarro

| | |
|---|---|
| autocarro | **otobüs**<br>[otobys] |
| camioneta (autocarro interurbano) | **şehirler arası otobüs**<br>[ʃehirlɛr arası otobys] |
| paragem de autocarro | **otobüs durağı**<br>[otobys duraːı] |
| Onde é a paragem de autocarro mais perto? | **En yakın otobüs durağı nerede?**<br>[ɛn jakın otobys duraːı nɛrɛdɛ?] |

| | |
|---|---|
| número | **numara**<br>[numara] |
| Qual o autocarro que apanho para ...? | **... gitmek için hangi otobüse binmem lazım?**<br>[... gitmek iʧin hangi otobysɛ binmem lazım?] |
| Este autocarro vai até ...? | **Bu otobüs ... gider mi?**<br>[bu otobys ... gidɛr mi?] |
| Com que frequência passam os autocarros? | **Ne sıklıkta otobüs var?**<br>[nɛ sıklıkta otobys var?] |

| | |
|---|---|
| de 15 em 15 minutos | **on beş dakikada bir**<br>[on beʃ dakikada bir] |
| de meia em meia hora | **her yarım saatte bir**<br>[hɛr jarım saattɛ bir] |
| de hora a hora | **saat başı**<br>[saat baʃı] |
| várias vezes ao dia | **günde birçok sefer**<br>[gyndɛ birʧok sefɛr] |
| ... vezes ao dia | **günde ... kere**<br>[gyndɛ ... kerɛ] |

| | |
|---|---|
| horário | **tarife**<br>[tarifɛ] |
| Onde posso ver o horário? | **Tarifeyi nereden görebilirim?**<br>[tarifɛji nɛrɛdɛn gørebilirim?] |

| | |
|---|---|
| Quando é o próximo autocarro? | **Bir sonraki otobüs ne zaman?**<br>[bir sonraki otobys nɛ zaman?] |
| Quando é o primeiro autocarro? | **İlk otobüs ne zaman?**<br>[ilk otobys nɛ zaman?] |
| Quando é o último autocarro? | **Son otobüs ne zaman?**<br>[son otobys nɛ zaman?] |
| paragem | **durak**<br>[durak] |

próxima paragem

**sonraki durak**
[sonraki durak]

última paragem

**son durak**
[son durak]

Pare aqui, por favor.

**Burada durun lütfen.**
[burada durun lytfɛn]

Desculpe, esta é a minha paragem.

**Affedersiniz, bu durakta ineceğim.**
[affedɛrsiniz, bu durakta inedʒɛ:im]

# Comboio

| | |
|---|---|
| comboio | **tren**<br>[tren] |
| comboio sub-urbano | **banliyö treni**<br>[banlijø treni] |
| comboio de longa distância | **uzun mesafe treni**<br>[uzun mesafɛ treni] |
| estação de comboio | **tren istasyonu**<br>[tren istasjonu] |
| Desculpe, onde fica a saída para a plataforma? | **Affedersiniz, perona nasıl gidebilirim?**<br>[affedɛrsiniz, pɛrona nasıl gidɛbilirim?] |
| Este comboio vai até ...? | **Bu tren ... gider mi?**<br>[bu tren ... gidɛr mi?] |
| próximo comboio | **bir sonraki tren**<br>[bir sonraki tren] |
| Quando é o próximo comboio? | **Bir sonraki tren ne zaman?**<br>[bir sonraki tren nɛ zaman?] |
| Onde posso ver o horário? | **Tarifeyi nereden görebilirim?**<br>[tarifɛji nɛrɛdɛn gørebilirim?] |
| Apartir de que plataforma? | **Hangi perondan?**<br>[hangi perondan?] |
| Quando é que o comboio chega a ...? | **Tren ... ne zaman varır?**<br>[tren ... nɛ zaman varır?] |
| Ajude-me, por favor. | **Lütfen bana yardımcı olur musunuz?**<br>[lytfɛn bana jardımdʒı olur musunuz?] |
| Estou à procura do meu lugar. | **Yerimi arıyorum.**<br>[jerimi arıjorum] |
| Nós estamos à procura dos nossos lugares. | **Yerlerimizi arıyoruz.**<br>[jerlerimizi arıjoruz] |
| O meu lugar está ocupado. | **Yerimde başkası oturuyor.**<br>[jerimdɛ baʃkası oturujor] |
| Os nossos lugares estão ocupados. | **Yerlerimizde başkaları oturuyor.**<br>[jerlerimizdɛ baʃkaları oturujor] |
| Peço desculpa mas este é o meu lugar. | **Affedersiniz, bu benim koltuğum.**<br>[affedɛrsiniz, bu benim koltu:um] |
| Este lugar está ocupado? | **Bu koltuk boş mu?**<br>[bu koltuk boʃ mu?] |
| Posso sentar-me aqui? | **Buraya oturabilir miyim?**<br>[buraja oturabilir mijim?] |

## No comboio. Diálogo (Sem bilhete)

Bilhete, por favor.

**Bilet, lütfen.**
[bilet, lytfɛn]

Não tenho bilhete.

**Biletim yok.**
[biletim jok]

Perdi o meu bilhete.

**Biletimi kaybettim.**
[biletimi kajbɛttim]

Esqueci-me do bilhete em casa.

**Biletimi evde unuttum.**
[biletimi evdɛ unuttum]

Pode comprar um bilhete a mim.

**Biletinizi benden alabilirsiniz.**
[biletinizi bɛndɛn alabilirsiniz]

Terá também de pagar uma multa.

**Ceza da ödemek zorundasınız.**
[dʒeza da ødɛmek zorundasınız]

Está bem.

**Tamam.**
[tamam]

Onde vai?

**Nereye gidiyorsunuz?**
[nɛrɛje gidijorsunuz?]

Eu vou para ...

**... gidiyorum.**
[... gidijorum]

Quanto é? Eu não entendo.

**Ne kadar? Anlamıyorum.**
[nɛ kadar? anlamıjorum]

Escreva, por favor.

**Yazar mısınız, lütfen?**
[jazar mısınız, lytfɛn?]

Está bem. Posso pagar
com cartão de crédito?

**Tamam. Kredi kartıyla
ödeyebilir miyim?**
[tamam. krɛdi kartıjla
ødejebilir mijim?]

Sim, pode.

**Evet, olur.**
[ɛvet, olur]

Aqui tem a sua fatura.

**Buyrun, makbuzunuz.**
[bujrun, makbuzunuz]

Desculpe pela multa.

**Ceza için üzgünüm.**
[dʒeza itʃin yzgynym]

Não tem mal. A culpa foi minha.

**Önemli değil. Benim hatamdı.**
[ønemli dɛ:il. benim hatamdı]

Desfrute da sua viagem.

**İyi yolculuklar.**
[iji joldʒuluklar]

# Taxi

| | |
|---|---|
| táxi | **taksi**<br>[taksi] |
| taxista | **taksi şoförü**<br>[taksi ʃoføry] |
| apanhar um táxi | **taksiye binmek**<br>[taksije binmek] |
| paragem de táxis | **taksi durağı**<br>[taksi duraːɪ] |
| Onde posso apanhar um táxi? | **Nereden taksiye binebilirim?**<br>[nɛrɛdɛn taksije binɛbilirim?] |

| | |
|---|---|
| chamar um táxi | **taksi çağırmak**<br>[taksi ʧaːɪrmak] |
| Preciso de um táxi. | **Bana bir taksi lazım.**<br>[bana bir taksi lazɪm] |
| Agora. | **Hemen şimdi.**<br>[hemɛn ʃimdi] |
| Qual é a sua morada? | **Adresiniz nedir?**<br>[adrɛsiniz nɛdir?] |
| A minha morada é ... | **Adresim ...**<br>[adrɛsim ...] |
| Qual o seu destino? | **Nereye gideceksiniz?**<br>[nɛrɛje gidɛʤeksiniz?] |

| | |
|---|---|
| Desculpe, ... | **Affedersiniz, ...**<br>[affedɛrsiniz, ...] |
| Está livre? | **Müsait misiniz?**<br>[mysait misiniz?] |
| Em quanto fica a corrida até ...? | **... gitmek ne kadar tutar?**<br>[... gitmek nɛ kadar tutar?] |
| Sabe onde é? | **Nerede olduğunu biliyor musunuz?**<br>[nɛrɛdɛ olduːunu bilijor musunuz?] |
| Para o aeroporto, por favor. | **Havalimanı, lütfen.**<br>[havalimanɪ, lytfɛn] |
| Pare aqui, por favor. | **Burada durun, lütfen.**<br>[burada durun, lytfɛn] |
| Não é aqui. | **Burası değil.**<br>[burasɪ dɛːil] |
| Esta morada está errada. (Não é aqui) | **Bu adres yanlış.**<br>[bu adres janlɪʃ] |
| Vire à esquerda. | **Sola dönün.**<br>[sola dønyn] |
| Vire à direita. | **Sağa dönün.**<br>[saːa dønyn] |

| | |
|---|---|
| Quanto lhe devo? | **Borcum ne kadar?**<br>[bordʒum nɛ kadar?] |
| Queria fatura, por favor. | **Fiş alabilir miyim, lütfen?**<br>[fiʃ alabilir mijim, lytfɛn?] |
| Fique com o troco. | **Üstü kalsın.**<br>[ysty kalsın] |
| | |
| Espere por mim, por favor. | **Beni bekleyebilir misiniz, lütfen?**<br>[beni beklejebilir misiniz, lytfɛn?] |
| 5 minutos | **beş dakika**<br>[beʃ dakika] |
| 10 minutos | **on dakika**<br>[on dakika] |
| 15 minutos | **on beş dakika**<br>[on beʃ dakika] |
| 20 minutos | **yirmi dakika**<br>[jirmi dakika] |
| meia hora | **yarım saat**<br>[jarım saat] |

# Hotel

| | |
|---|---|
| Olá! | **Merhaba.**<br>[mɛrhaba] |
| Chamo-me ... | **Adım ...**<br>[adım ...] |
| Tenho uma reserva. | **Rezervasyonum var.**<br>[rezɛrvasjonum var] |
| | |
| Preciso de ... | **Bana ... lazım.**<br>[bana ... lazım] |
| um quarto de solteiro | **tek kişilik bir oda**<br>[tek kiʃilik bir oda] |
| um quarto de casal | **çift kişilik bir oda**<br>[ʧift kiʃilik bir oda] |
| Quanto é? | **Ne kadar tuttu?**<br>[nɛ kadar tuttu?] |
| Está um pouco caro. | **Bu biraz pahalı.**<br>[bu biraz pahalı] |
| | |
| Não tem outras opções? | **Elinizde başka seçenek var mı?**<br>[ɛlinizdɛ baʃka seʧɛnek var mı?] |
| Eu fico com ele. | **Bunu alıyorum.**<br>[bunu alıjorum] |
| Eu pago em dinheiro. | **Peşin ödeyeceğim.**<br>[peʃin ødejedʒɛ:im] |
| | |
| Tenho um problema. | **Bir sorunum var.**<br>[bir sorunum var] |
| O meu ... está partido<br>/A minha ... está partida/. | **... bozuk.**<br>[... bozuk] |
| O meu ... está avariado<br>/A minha ... está avariada/. | **... çalışmıyor.**<br>[... ʧalıʃmıjor] |
| televisor (m) | **Televizyon**<br>[tɛlevizjon] |
| ar condicionado (m) | **Klima**<br>[klima] |
| torneira (f) | **Musluk**<br>[musluk] |
| | |
| duche (m) | **Duş**<br>[duʃ] |
| lavatório (m) | **Lavabo**<br>[lavabo] |
| cofre (m) | **Kasa**<br>[kasa] |

fechadura (f)

**Kapı kilidi**
[kapı kilidi]

tomada elétrica (f)

**Priz**
[priz]

secador de cabelo (m)

**Saç kurutma makinesi**
[saʧ kurutma makinɛsi]

Não tenho …

**… yok**
[… joːk]

água

**Su**
[su]

luz

**Işık**
[iʃık]

eletricidade

**Elektrik**
[ɛlektrik]

Pode dar-me …?

**Bana … verebilir misiniz?**
[bana … vɛrɛbilir misiniz?]

uma toalha

**bir havlu**
[bir havlu]

um cobertor

**bir battaniye**
[bir battanije]

uns chinelos

**bir terlik**
[bir tɛrlik]

um roupão

**bir bornoz**
[bir bornoz]

algum champô

**biraz şampuan**
[biraz ʃampuan]

algum sabonete

**biraz sabun**
[biraz sabun]

Gostaria de trocar de quartos.

**Odamı değiştirmek istiyorum.**
[odamı dɛːiʃtirmek istijorum]

Não consigo encontrar a minha chave.

**Anahtarımı bulamıyorum.**
[anahtarımı bulamıjorum]

Abra-me o quarto, por favor.

**Odamı açabilir misiniz, lütfen?**
[odamı aʧabilir misiniz, lytfɛn?]

Quem é?

**Kim o?**
[kim o?]

Entre!

**Girin!**
[girin!]

Um minuto!

**Bir dakika!**
[bir dakika!]

Agora não, por favor.

**Lütfen şimdi değil.**
[lytfɛn ʃimdi dɛːil]

Venha ao meu quarto, por favor.

**Odama gelin, lütfen.**
[odama gelin, lytfɛn]

Gostaria de encomendar comida.

**Odama yemek siparişi vermek istiyorum.**
[odama jemek sipariʃi vɛrmek istijorum]

| | |
|---|---|
| O número do meu quarto é … | **Oda numaram …**<br>[oda numaram …] |
| Estou de saída … | **… gidiyorum.**<br>[… gidijorum] |
| Estamos de saída … | **… gidiyoruz.**<br>[… gidijoruz] |
| agora | **şimdi**<br>[ʃimdi] |
| esta tarde | **öğleden sonra**<br>[ø:øledɛn sonra] |
| hoje à noite | **bu akşam**<br>[bu akʃam] |
| amanhã | **yarın**<br>[jarın] |
| amanhã de manhã | **yarın sabah**<br>[jarın sabah] |
| amanhã ao fim da tarde | **yarın akşam**<br>[jarın akʃam] |
| depois de amanhã | **yarından sonraki gün**<br>[jarından sonraki gyn] |

| | |
|---|---|
| Gostaria de pagar. | **Ödeme yapmak istiyorum.**<br>[ødɛmɛ japmak istijorum] |
| Estava tudo maravilhoso. | **Herşey harikaydı.**<br>[hɛrʃɛj harikajdı] |
| Onde posso apanhar um táxi? | **Nereden taksiye binebilirim?**<br>[nɛrɛdɛn taksije binɛbilirim?] |
| Pode me chamar um táxi, por favor? | **Bana bir taksi çağırır mısınız, lütfen?**<br>[bana bir taksi tʃa:ırır mısınız, lytfɛn?] |

# Restaurante

Posso ver o menu, por favor?

**Menüye bakabilir miyim, lütfen?**
[mɛnyje bakabilir mijim, lytfɛn?]

Mesa para um.

**Bir kişilik masa.**
[bir kiʃilik masa]

Somos dois (três, quatro).

**İki (üç, dört) kişiyiz.**
[iki (ytʃ, dørt) kiʃijiz]

Para fumadores

**Sigara içilen bölüm**
[sigara itʃilɛn bølym]

Para não fumadores

**Sigara içilmeyen bölüm**
[sigara itʃilmejen bølym]

Por favor!

**Affedersiniz!**
[affedɛrsiniz!]

menu

**menü**
[mɛny]

lista de vinhos

**şarap listesi**
[ʃarap listɛsi]

O menu, por favor.

**Menü, lütfen.**
[mɛny, lytfɛn]

Já escolheu?

**Sipariş vermeye hazır mısınız?**
[sipariʃ vermɛje hazır mısınız?]

O que vai tomar?

**Ne alırsınız?**
[nɛ alırsınız?]

Eu quero …

**… alacağım.**
[… aladʒa:ım]

Eu sou vegetariano /vegetariana/.

**Ben vejetaryenim.**
[ben veʒetarjenim]

carne

**et**
[ɛt]

peixe

**balık**
[balık]

vegetais

**sebze**
[sebzɛ]

Tem pratos vegetarianos?

**Vejetaryen yemekleriniz var mı?**
[veʒetarjen jemekleriniz var mı?]

Não como porco.

**Domuz eti yemem.**
[domuz ɛti jemɛm]

Ele /ela/ não come porco.

**O et yemez.**
[o ɛt jemɛz]

Sou alérgico /alérgica/ a …

**… alerjim var.**
[… alerʒim var]

Por favor, pode trazer-me …?

**Bana … getirir misiniz, lütfen?**
[bana … getirir misiniz, lytfɛn?]

sal | pimenta | açucar

café | chá | sobremesa

água | com gás | sem gás

uma colher | um garfo | uma faca

um prato | um guardanapo

**tuz | biber | şeker**
[tuz | bibɛr | ʃekɛr]

**kahve | çay | tatlı**
[kahvɛ | ʧaj | tatlı]

**su | maden | içme**
[su | madɛn | iʧmɛ]

**kaşık | çatal | bıçak**
[kaʃık | ʧatal | bıʧak]

**tabak | peçete**
[tabak | peʧɛtɛ]

Bom apetite!

Mais um, por favor.

Estava delicioso.

**Afiyet olsun!**
[afijet olsun!]

**Bir tane daha, lütfen.**
[bir tanɛ daha, lytfɛn]

**Çok lezzetliydi.**
[ʧok lezzɛtlijdi]

conta | troco | gorjeta

A conta, por favor.

Posso pagar com cartão de crédito?

Desculpe, mas tem um erro aqui.

**hesap | para üstü | bahşiş**
[hesap | para ysty | bahʃiʃ]

**Hesap, lütfen.**
[hesap, lytfɛn]

**Kredi kartıyla ödeyebilir miyim?**
[krɛdi kartıjla ødejebilir mijim?]

**Affedersiniz, burada bir yanlışlık var.**
[affedɛrsiniz, burada bir janlıʃlık var]

# Centro Comercial

Posso ajudá-lo /ajudá-la/?

**Yardımcı olabilir miyim?**
[jardımʤı olabilir mijim?]

Tem ...?

**Sizde ... var mı?**
[sizdɛ ... var mı?]

Estou à procura de ...

**... arıyorum.**
[... arıjorum]

Preciso de ...

**Bana ... lazım.**
[bana ... lazım]

Estou só a ver.

**Sadece bakıyorum.**
[sadedʒɛ bakıjorum]

Estamos só a ver.

**Sadece bakıyoruz.**
[sadedʒɛ bakıjoruz]

Volto mais tarde.

**Daha sonra tekrar geleceğim.**
[daha sonra tekrar gelɛdʒɛ:im]

Voltamos mais tarde.

**Daha sonra tekrar geleceğiz.**
[daha sonra tekrar gelɛdʒɛ:iz]

descontos | saldos

**iskonto | indirimli satış**
[iskonto | indirimli satıʃ]

Mostre-me, por favor ...

**Bana ... gösterebilir misiniz?**
[bana ... gøstɛrɛbilir misiniz?]

Dê-me, por favor ...

**Bana ... verebilir misiniz?**
[bana ... vɛrɛbilir misiniz?]

Posso experimentar?

**Deneyebilir miyim?**
[denɛjebilir mijim?]

Desculpe, onde fica a cabine de prova?

**Affedersiniz, deneme kabini nerede?**
[affedɛrsiniz, dɛnɛmɛ kabini nɛrɛdɛ?]

Que cor prefere?

**Ne renk istersiniz?**
[nɛ rɛnk istɛrsiniz?]

tamanho | cvomprimento

**beden | boy**
[bedɛn | boj]

Como lhe fica?

**Nasıl, üzerinize oldu mu?**
[nasıl, yzɛrinizɛ oldu mu?]

Quanto é que isto custa?

**Bu ne kadar?**
[bu nɛ kadar?]

É muito caro.

**Çok pahalı.**
[tʃok pahalı]

Eu fico com ele.

**Bunu alıyorum.**
[bunu alıjorum]

Desculpe, onde fica a caixa?

**Affedersiniz, ödemeyi nerede yapabilirim?**
[affedɛrsiniz, ødemɛji nɛrɛdɛ japabilirim?]

Vai pagar a dinheiro ou com cartão de crédito?

**Nakit mi yoksa kredi kartıyla mı ödeyeceksiniz?**
[nakit mi joksa krɛdi kartıjla mı ødejeʤeksiniz?]

A dinheiro | com cartão de crédito

**Nakit | kredi kartıyla**
[nakit | krɛdi kartıjla]

Pretende fatura?

**Fatura ister misiniz?**
[fatura istɛr misiniz?]

Sim, por favor.

**Evet, lütfen.**
[ɛvet, lytfɛn]

Não: Está bem!

**Hayır, gerek yok.**
[hajır, gerek jok]

Obrigado /Obrigada/.
Tenha um bom dia!

**Teşekkür ederim. İyi günler!**
[tɛʃekkyr ɛdɛrim. iji gynlɛr!]

# Na cidade

| | |
|---|---|
| Desculpe, por favor … | **Affedersiniz.**<br>[affedɛrsiniz] |
| Estou à procura … | **… arıyorum.**<br>[… arıjorum] |
| do metro | **Metroyu**<br>[metroju] |
| do meu hotel | **Otelimi**<br>[otɛlimi] |
| do cinema | **Sinemayı**<br>[sinemajı] |
| da praça de táxis | **Taksi durağını**<br>[taksi duraːını] |
| do multibanco | **Bir bankamatik**<br>[bir bankamatik] |
| de uma casa de câmbio | **Bir döviz bürosu**<br>[bir døviz byrosu] |
| de um café internet | **Bir internet kafe**<br>[bir intɛrnɛt kafɛ] |
| da rua … | **… caddesini**<br>[… dʒaddɛsini] |
| deste lugar | **Şurayı**<br>[ʃurajı] |
| Sabe dizer-me onde fica …? | **… nerede olduğunu biliyor musunuz?**<br>[… nɛrɛdɛ olduːunu bilijor musunuz?] |
| Como se chama esta rua? | **Bu caddenin adı ne?**<br>[bu dʒaddenin adı nɛ?] |
| Mostre-me onde estamos de momento. | **Şu an nerede olduğumuzu<br>gösterir misiniz?**<br>[ʃu an nɛrɛdɛ olduːumuzu<br>gøstɛrir misiniz?] |
| Posso ir até lá a pé? | **Oraya yürüyerek gidebilir miyim?**<br>[oraja jyryjerek gidɛbilir mijim?] |
| Tem algum mapa da cidade? | **Sizde şehir haritası var mı?**<br>[sizdɛ ʃɛhir haritası var mı?] |
| Quanto custa a entrada? | **Giriş bileti ne kadar?**<br>[giriʃ bileti nɛ kadar?] |
| Pode-se fotografar aqui? | **Burada fotoğraf çekebilir miyim?**<br>[burada fotoːraf tʃɛkɛbilir mijim?] |
| Estão abertos? | **Açık mısınız?**<br>[atʃık mısınız?] |

A que horas abrem?

**Ne zaman açıyorsunuz?**
[nɛ zaman atʃıjorsunuz?]

A que horas fecham?

**Ne zaman kapatıyorsunuz?**
[nɛ zaman kapatıjorsunuz?]

# Dinheiro

| | |
|---|---|
| dinheiro | **para**<br>[para] |
| a dinheiro | **nakit**<br>[nakit] |
| dinheiro de papel | **kağıt para**<br>[ka:ıt para] |
| troco | **bozukluk**<br>[bozukluk] |
| conta \| troco \| gorjeta | **hesap \| para üstü \| bahşiş**<br>[hesap \| para ysty \| bahʃiʃ] |
| cartão de crédito | **kredi kartı**<br>[krɛdi kartı] |
| carteira | **cüzdan**<br>[dʒyzdan] |
| comprar | **satın almak**<br>[satın almak] |
| pagar | **ödemek**<br>[ødɛmek] |
| multa | **ceza**<br>[dʒɛza] |
| gratuito | **bedava**<br>[bedava] |
| Onde é que posso comprar ...? | **Nereden ... alabilirim?**<br>[nɛrɛdɛn ... alabilirim?] |
| O banco está aberto agora? | **Banka açık mı?**<br>[banka atʃık mı?] |
| Quando abre? | **Ne zaman açılıyor?**<br>[nɛ zaman atʃılıjor?] |
| Quando fecha? | **Ne zaman kapanıyor?**<br>[nɛ zaman kapanıjor?] |
| Quanto? | **Ne kadar?**<br>[nɛ kadar?] |
| Quanto custa isto? | **Bunun fiyatı nedir?**<br>[bunun fijatı nɛdir?] |
| É muito caro. | **Çok pahalı.**<br>[tʃok pahalı] |
| Desculpe, onde fica a caixa? | **Affedersiniz, ödemeyi nerede yapabilirim?**<br>[affedɛrsiniz, ødemɛji nɛrɛdɛ japabilirim?] |

| | |
|---|---|
| A conta, por favor. | **Hesap, lütfen.**<br>[hesap, lytfɛn] |
| Posso pagar com cartão de crédito? | **Kredi kartıyla ödeyebilir miyim?**<br>[krɛdi kartıjla ødejebilir mijim?] |
| Há algum Multibanco aqui? | **Buralarda bankamatik var mı?**<br>[buralarda bankamatik var mı?] |
| Estou à procura de um Multibanco. | **Bankamatik arıyorum.**<br>[bankamatik arıjorum] |

| | |
|---|---|
| Estou à procura de uma<br>casa de câmbio. | **Döviz bürosu arıyorum.**<br>[døviz byrosu arıjorum] |
| Eu gostaria de trocar ... | **... bozdurmak istiyorum**<br>[... bozdurmak istijorum] |
| Qual a taxa de câmbio? | **Döviz kuru nedir?**<br>[døviz kuru nɛdir?] |
| Precisa do meu passaporte? | **Pasaportuma gerek var mı?**<br>[pasaportuma gerek var mı?] |

# Tempo

| | |
|---|---|
| Que horas são? | **Saat kaç?**<br>[saat katʃ?] |
| Quando? | **Ne zaman?**<br>[nɛ zaman?] |
| A que horas? | **Saat kaçta?**<br>[saat katʃta?] |
| agora \| mais tarde \| depois … | **şimdi \| sonra \| …den sonra**<br>[ʃimdi \| sonra \| …den sonra] |
| uma em ponto | **saat bir**<br>[saat bir] |
| uma e quinze | **bir on beş**<br>[bir on bɛʃ] |
| uma e trinta | **bir otuz**<br>[bir otuz] |
| uma e quarenta e cinco | **bir kırk beş**<br>[bir kırk beʃ] |
| um \| dois \| três | **bir \| iki \| üç**<br>[bir \| iki \| ytʃ] |
| quatro \| cinco \| seis | **dört \| beş \| altı**<br>[dørt \| beʃ \| altı] |
| set \| oito \| nove | **yedi \| sekiz \| dokuz**<br>[jedi \| sekiz \| dokuz] |
| dez \| onze \| doze | **on \| on bir \| on iki**<br>[on \| on bir \| on iki] |
| dentro de … | **… içinde**<br>[… itʃindɛ] |
| 5 minutos | **beş dakika**<br>[beʃ dakika] |
| 10 minutos | **on dakika**<br>[on dakika] |
| 15 minutos | **on beş dakika**<br>[on beʃ dakika] |
| 20 minutos | **yirmi dakika**<br>[jirmi dakika] |
| meia hora | **yarım saat**<br>[jarım saat] |
| uma hora | **bir saat**<br>[bir saat] |

| | |
|---|---|
| de manhã | **sabah**<br>[sabah] |
| de manhã cedo | **sabah erkenden**<br>[sabah ɛrkendɛn] |
| esta manhã | **bu sabah**<br>[bu sabah] |
| amanhã de manhã | **yarın sabah**<br>[jarın sabah] |

| | |
|---|---|
| ao meio-dia | **öğlen yemeğinde**<br>[øːølɛn jemeːindɛ] |
| à tarde | **öğleden sonra**<br>[øːøledɛn sonra] |
| à noite (das 18h às 24h) | **akşam**<br>[akʃam] |
| esta noite | **bu akşam**<br>[bu akʃam] |

| | |
|---|---|
| à noite (da 0h às 6h) | **geceleyin**<br>[gedʒɛlejin] |
| ontem | **dün**<br>[dyn] |
| hoje | **bugün**<br>[bugyn] |
| amanhã | **yarın**<br>[jarın] |
| depois de amanhã | **yarından sonraki gün**<br>[jarından sonraki gyn] |

| | |
|---|---|
| Que dia é hoje? | **Bugün günlerden ne?**<br>[bugyn gynlerdɛn nɛ?] |
| Hoje é ... | **Bugün ...**<br>[bugyn ...] |
| segunda-feira | **Pazartesi**<br>[pazartɛsi] |
| terça-feira | **Salı**<br>[salı] |
| quarta-feira | **Çarşamba**<br>[tʃarʃamba] |

| | |
|---|---|
| quinta-feira | **Perşembe**<br>[perʃembɛ] |
| sexta-feira | **Cuma**<br>[dʒuma] |
| sábado | **Cumartesi**<br>[dʒumartɛsi] |
| domingo | **Pazar**<br>[pazar] |

## Saudações. Apresentações

Olá! **Merhaba.**
[mɛrhaba]

Prazer em conhecê-lo /conhecê-la/. **Tanıştığımıza memnun oldum.**
[tanıʃtı:ımıza memnun oldum]

O prazer é todo meu. **Ben de.**
[ben dɛ]

Apresento-lhe … **Sizi … ile tanıştırmak istiyorum**
[sizi … ile tanıʃtırmak istijorum]

Muito prazer. **Memnun oldum.**
[memnun oldum]

Como está? **Nasılsınız?**
[nasılsınız?]

Chamo-me … **Adım …**
[adım …]

Ele chama-se … **Adı …**
[adı …]

Ela chama-se … **Adı …**
[adı …]

Como é que o senhor /a senhora/ **Adınız nedir?**
se chama? [adınız nɛdir?]

Como é que ela se chama? **Onun adı ne?**
[onun adı nɛ?]

Como é que ela se chama? **Onun adı ne?**
[onun adı nɛ?]

Qual o seu apelido? **Soyadınız nedir?**
[sojadınız nɛdir?]

Pode chamar-me … **Bana … diyebilirsiniz.**
[bana … dijebilirsiniz]

De onde é? **Nereden geliyorsunuz?**
[nɛrɛdɛn gelijorsunuz?]

Sou de … **… dan geliyorum.**
[… dan gelijorum]

O que faz na vida? **Mesleğiniz nedir?**
[mɛsle:iniz nɛdir?]

Quem é este? **Bu kim?**
[bu kim?]

Quem é ele? **O kim?**
[o kim?]

Quem é ela? **O kim?**
[o kim?]

Quem são eles? **Onlar kim?**
[onlar kim?]

| Este é … | **Bu …** |
| | [bu …] |
| o meu amigo | **arkadaşım** |
| | [arkadaʃɪm] |
| a minha amiga | **arkadaşım** |
| | [arkadaʃɪm] |
| o meu marido | **kocam** |
| | [kodʒam] |
| a minha mulher | **karım** |
| | [karɪm] |

| o meu pai | **babam** |
| | [babam] |
| a minha mãe | **annem** |
| | [annɛm] |
| o meu irmão | **erkek kardeşim** |
| | [ɛrkek kardɛʃim] |
| a minha irmã | **kız kardeşim** |
| | [kɪz kardɛʃim] |
| o meu filho | **oğlum** |
| | [oːlum] |
| a minha filha | **kızım** |
| | [kɪzɪm] |

| Este é o nosso filho. | **Bu bizim oğlumuz.** |
| | [bu bizim oːlumuz] |
| Este é a nossa filha. | **Bu bizim kızımız.** |
| | [bu bizim kɪzɪmɪz] |
| Estes são os meus filhos. | **Bunlar benim çocuklarım.** |
| | [bunlar benim tʃodʒuklarɪm] |
| Estes são os nossos filhos. | **Bunlar bizim çocuklarımız.** |
| | [bunlar bizim tʃodʒuklarɪmɪz] |

## Despedidas

Adeus!
**Hoşça kalın!**
[hoʃtʃa kalın!]

Tchau!
**Görüşürüz!**
[gøryʃyryz!]

Até amanhã.
**Yarın görüşmek üzere.**
[jarın gøryʃmek yzɛrɛ]

Até breve.
**Görüşmek üzere.**
[gøryʃmek yzɛrɛ]

Até às sete.
**Saat yedide görüşürüz.**
[saat jedidɛ gøryʃyryz]

Diverte-te!
**İyi eğlenceler!**
[iji ɛːlendʒelɛr!]

Falamos mais tarde.
**Sonra konuşuruz.**
[sonra konuʃuruz]

Bom fim de semana.
**İyi hafta sonları.**
[iji hafta sonları]

Boa noite.
**İyi geceler.**
[iji gɛdʒɛlɛr]

Está na hora.
**Gitme vaktim geldi.**
[gitmɛ vaktim gɛldi]

Preciso de ir embora.
**Gitmem lazım.**
[gitmɛm lazım]

Volto já.
**Hemen dönerim.**
[hemɛn dønɛrim]

Já é tarde.
**Geç oldu.**
[getʃ oldu]

Tenho de me levantar cedo.
**Erken kalkmam lazım.**
[ɛrken kalkmam lazım]

Vou-me embora amanhã.
**Yarın gidiyorum.**
[jarın gidijorum]

Vamos embora amanhã.
**Yarın gidiyoruz.**
[jarın gidijoruz]

Boa viagem!
**İyi yolculuklar!**
[iji joldʒuluklar!]

Tive muito prazer em conhecer-vos.
**Tanıştığımıza memnun oldum.**
[tanıʃtıːımıza memnun oldum]

Foi muito agradável falar consigo.
**Konuştuğumuza memnun oldum.**
[konuʃtuːumuza memnun oldum]

Obrigado /Obrigada/ por tudo.
**Herşey için teşekkürler.**
[hɛrʃɛj itʃin tɛʃekkyrlɛr]

| | |
|---|---|
| Passei um tempo muito agradável. | **Çok iyi vakit geçirdim.**<br>[ʧok iji vakit geʧirdim] |
| Passámos um tempo muito agradável. | **Çok iyi vakit geçirdik.**<br>[ʧok iji vakit geʧirdik] |
| Foi mesmo fantástico. | **Gerçekten harikaydı.**<br>[gerʧektɛn harikajdɪ] |
| Vou ter saudades suas. | **Seni özleyeceğim.**<br>[seni øzlejedʒɛ:im] |
| Vamos ter saudades suas. | **Sizi özleyeceğiz.**<br>[sizi øzlejedʒɛ:iz] |
| Boa sorte! | **İyi şanslar!**<br>[iji ʃanslar!] |
| Dê cumprimentos a ... | **... selam söyle.**<br>[... sɛlam søjle] |

# Língua estrangeira

| | |
|---|---|
| Eu não entendo. | **Anlamıyorum.**<br>[anlamıjorum] |
| Escreva isso, por favor. | **Yazar mısınız, lütfen?**<br>[jazar mısınız, lytfɛn?] |
| O senhor /a senhora/ fala …? | **… biliyor musunuz?**<br>[… bilijor musunuz?] |
| Eu falo um pouco de … | **Biraz … biliyorum.**<br>[biraz … bilijorum] |
| Inglês | **İngilizce**<br>[ingilizdʒɛ] |
| Turco | **Türkçe**<br>[tyrktʃɛ] |
| Árabe | **Arapça**<br>[araptʃa] |
| Francês | **Fransızca**<br>[fransızdʒa] |
| Alemão | **Almanca**<br>[almandʒa] |
| Italiano | **İtalyanca**<br>[italjandʒa] |
| Espanhol | **İspanyolca**<br>[ispanjoldʒa] |
| Português | **Portekizce**<br>[portekizdʒɛ] |
| Chinês | **Çince**<br>[tʃindʒɛ] |
| Japonês | **Japonca**<br>[ʒapondʒa] |
| Pode repetir isso, por favor. | **Tekrar edebilir misiniz, lütfen?**<br>[tekrar ɛdɛbilir misiniz, lytfɛn?] |
| Compreendo. | **Anlıyorum.**<br>[anlıjorum] |
| Eu não entendo. | **Anlamıyorum.**<br>[anlamıjorum] |
| Por favor fale mais devagar. | **Lütfen daha yavaş konuşun.**<br>[lytfɛn daha javaʃ konuʃun] |
| Isso está certo? | **Bu doğru mu?**<br>[bu doːru mu?] |
| O que é isto? (O que significa?) | **Bu ne?**<br>[bu nɛ?] |

## Desculpas

Desculpe-me, por favor.

**Affedersiniz.**
[affedɛrsiniz]

Lamento.

**Üzgünüm.**
[yzgynym]

Tenho muita pena.

**Gerçekten çok üzgünüm.**
[gerʧektɛn ʧok yzgynym]

Desculpe, a culpa é minha.

**Özür dilerim, benim hatam.**
[øzyr dilerim, benim hatam]

O erro foi meu.

**Benim hatamdı.**
[benim hatamdı]

Posso ...?

**... yapabilir miyim?**
[... japabilir mijim?]

O senhor /a senhora/ não
se importa se eu ...?

**... bir mahsuru var mı?**
[... bir mahsuru var mı?]

Não faz mal.

**Sorun değil.**
[sorun dɛ:il]

Está tudo em ordem.

**Zararı yok.**
[zararı jok]

Não se preocupe.

**Hiç önemli değil.**
[hiʧ ønemli dɛ:il]

## Acordo

| | |
|---|---|
| Sim. | **Evet.**<br>[ɛvet] |
| Sim, claro. | **Evet, tabii ki.**<br>[ɛvet, tabii ki] |
| Está bem! | **Tamam.**<br>[tamam] |
| Muito bem. | **Çok iyi.**<br>[ʧok iji] |
| Claro! | **Tabii ki!**<br>[tabii ki!] |
| Concordo. | **Katılıyorum.**<br>[katılıjorum] |

| | |
|---|---|
| Certo. | **Doğru.**<br>[do:ru] |
| Correto. | **Aynen öyle.**<br>[ajnɛn øjle] |
| Tem razão. | **Haklısınız.**<br>[haklısınız] |
| Eu não me oponho. | **Benim için sorun değil.**<br>[benim iʧin sorun dɛ:il] |
| Absolutamente certo. | **Kesinlikle doğru.**<br>[kesinliklɛ do:ru] |

| | |
|---|---|
| É possível. | **Bu mümkün.**<br>[bu mymkyn] |
| É uma boa ideia. | **Bu iyi bir fikir.**<br>[bu iji bir fikir] |
| Não posso recusar. | **Hayır diyemem.**<br>[hajır dijemɛm] |
| Terei muito gosto. | **Memnun olurum.**<br>[memnun olurum] |
| Com prazer. | **Zevkle.**<br>[zɛvkle] |

## Recusa. Expressão de dúvida

Não.

**Hayır.**
[hajır]

Claro que não.

**Kesinlikle hayır.**
[kesinliklɛ hajır]

Não concordo.

**Katılmıyorum.**
[katılmıjorum]

Não creio.

**Sanmıyorum.**
[sanmıjorum]

Isso não é verdade.

**Bu doğru değil.**
[bu do:ru dɛ:il]

O senhor /a senhora/ não tem razão.

**Yanılıyorsunuz.**
[janılıjorsunuz]

Acho que o senhor /a senhora/ não tem razão.

**Bence yanılıyorsunuz.**
[bendʒe janılıjorsunuz]

Não tenho a certeza.

**Emin değilim.**
[ɛmin dɛ:ilim]

É impossível.

**Bu mümkün değil.**
[bu mymkyn dɛ:il]

De modo algum!

**Hiçbir surette!**
[hitʃbir surɛttɛ!]

Exatamente o contrário.

**Tam tersi.**
[tam tɛrsi]

Sou contra.

**Ben buna karşıyım.**
[ben buna karʃıjım]

Não me importo.

**Umrumda değil.**
[umrumda dɛ:il]

Não faço ideia.

**Hiçbir fikrim yok.**
[hitʃbir fikrim jok]

Não creio.

**O konuda şüpheliyim.**
[o konuda ʃyphɛlijim]

Desculpe, mas não posso.

**Üzgünüm, yapamam.**
[yzgynym, japamam]

Desculpe, mas não quero.

**Üzgünüm, istemiyorum.**
[yzgynym, istɛmijorum]

Desculpe, não quero isso.

**Teşekkür ederim,
fakat buna ihtiyacım yok.**
[tɛʃekkyr ɛdɛrim,
fakat buna ihtijadʒım jok]

Já é muito tarde.

**Geç oluyor.**
[getʃ olujor]

Tenho de me levantar cedo.

**Erken kalmalıyım.**
[ɛrken kalmalıjim]

Não me sinto bem.

**Kendimi iyi hissetmiyorum.**
[kendimi iji hissɛtmijorum]

# Expressão de gratidão

| | |
|---|---|
| Obrigado /Obrigada/. | **Teşekkürler.**<br>[tɛʃekkyrlɛr] |
| Muito obrigado /obrigada/. | **Çok teşekkür ederim.**<br>[tʃok tɛʃekkyr ɛdɛrim] |

| | |
|---|---|
| Fico muito grato /grata/. | **Gerçekten müteşekkirim.**<br>[gertʃektɛn mytɛʃekkirim] |
| Estou-lhe muito reconhecido. | **Size hakikaten minnettarım.**<br>[sizɛ hakikatɛn minnettarım] |
| Estamos-lhe muito reconhecidos. | **Size hakikaten minnettarız.**<br>[sizɛ hakikatɛn minnettarız] |

| | |
|---|---|
| Obrigado /Obrigada/ pelo seu tempo. | **Zaman ayırdığınız**<br>**için teşekkür ederim.**<br>[zaman ajırdı:ınız<br>itʃin tɛʃekkyr ɛdɛrim] |
| Obrigado /Obrigada/ por tudo. | **Herşey için teşekkürler.**<br>[hɛrʃɛj itʃin tɛʃekkyrlɛr] |

| | |
|---|---|
| Obrigado /Obrigada/ ... | **... için teşekkürler.**<br>[... itʃin tɛʃekkyrlɛr] |
| ... pela sua ajuda | **Yardımınız için teşekkürler.**<br>[jardımınız itʃin tɛʃekkyrlɛr] |
| ... por este tempo bem passado | **Bu güzel vakit için teşekkürler.**<br>[bu gyzɛl vakit itʃin tɛʃekkyrlɛr] |

| | |
|---|---|
| ... pela comida deliciosa | **Bu harika yemek için teşekkürler.**<br>[bu harika jemek itʃin tɛʃekkyrlɛr] |
| ... por esta noite agradável | **Bu güzel akşam için teşekkürler.**<br>[bu gyzɛl akʃam itʃin tɛʃekkyrlɛr] |
| ... pelo dia maravilhoso | **Bu harika gün için teşekkürler.**<br>[bu harika gyn itʃin tɛʃekkyrlɛr] |
| ... pela jornada fantástica | **Bu harika yolculuk için teşekkürler.**<br>[bu harika joldʒuluk itʃin tɛʃekkyrlɛr] |

| | |
|---|---|
| Não tem de quê. | **Lafı bile olmaz.**<br>[lafı bilɛ olmaz] |
| Não precisa agradecer. | **Bir şey değil.**<br>[bir ʃɛj dɛ:il] |
| Disponha sempre. | **Her zaman.**<br>[hɛr zaman] |
| Foi um prazer ajudar. | **O zevk bana ait.**<br>[o zɛvk bana ait] |

Esqueça isso.

**Hiç önemli değil.**
[hitʃ ønemli dɛ:il]

Não se preocupe.

**Hiç dert etme.**
[hitʃ dɛrt ɛtmɛ]

## Parabéns. Cumprimentos

| | |
|---|---|
| Parabéns! | **Tebrikler!**<br>[tɛbriklɛr!] |
| Feliz aniversário! | **Doğum günün kutlu olsun!**<br>[doːum gynyn kutlu olsun!] |
| Feliz Natal! | **Mutlu Noeller!**<br>[mutlu noɛllɛr!] |
| Feliz Ano Novo! | **Yeni yılın kutlu olsun!**<br>[jeni jɪlɪn kutlu olsun!] |
| Feliz Páscoa! | **Mutlu Paskalyalar!**<br>[mutlu paskaljalar!] |
| Feliz Hanukkah! | **Mutlu Hanuka Bayramları!**<br>[mutlu hanuka bajramlarɪ!] |
| Gostaria de fazer um brinde. | **Kadeh kaldırmak istiyorum.**<br>[kadɛh kaldɪrmak istijorum] |
| Saúde! | **Şerefe!**<br>[ʃɛrɛfɛ!] |
| Bebamos a …! | **… için kadeh kaldıralım!**<br>[… itʃin kadɛh kaldɪralɪm!] |
| Ao nosso sucesso! | **Başarımıza!**<br>[baʃarɪmɪza!] |
| Ao vosso sucesso! | **Başarınıza!**<br>[baʃarɪnɪza!] |
| Boa sorte! | **İyi şanslar!**<br>[iji ʃanslar!] |
| Tenha um bom dia! | **İyi günler!**<br>[iji gynlɛr!] |
| Tenha um bom feriado! | **İyi tatiller!**<br>[iji tatillɛr!] |
| Tenha uma viagem segura! | **İyi yolculuklar!**<br>[iji joldʒuluklar!] |
| Espero que melhore em breve! | **Geçmiş olsun!**<br>[getʃmiʃ olsun!] |

# Socializando

| | |
|---|---|
| Porque é que está chateado /chateada/? | **Neden üzgünsünüz?** [nɛdɛn yzgynsynyz?] |
| Sorria! | **Gülümseyin! Neşelenin!** [gylymsɛjin! nɛʃɛlɛnin!] |
| Está livre esta noite? | **Bu gece müsait misiniz?** [bu gedʒɛ mysait misiniz?] |
| Posso oferecer-lhe algo para beber? | **Size bir içki ısmarlayabilir miyim?** [sizɛ bir itʃki ısmarlajabilir mijim?] |
| Você quer dançar? | **Dans eder misiniz?** [dans ɛdɛr misiniz?] |
| Vamos ao cinema. | **Hadi sinemaya gidelim.** [hadi sinemaja gidɛlim] |
| Gostaria de a convidar para ir … | **Sizi … davet edebilir miyim?** [sizi … davɛt ɛdɛbilir mijim?] |
| ao restaurante | **restorana** [restorana] |
| ao cinema | **sinemaya** [sinemaja] |
| ao teatro | **tiyatroya** [tijatroja] |
| passear | **yürüyüşe** [jyryjyʃɛ] |
| A que horas? | **Saat kaçta?** [saat katʃta?] |
| hoje à noite | **bu gece** [bu gedʒɛ] |
| às 6 horas | **altıda** [altıda] |
| às 7 horas | **yedide** [jedidɛ] |
| às 8 horas | **sekizde** [sekizdɛ] |
| às 9 horas | **dokuzda** [dokuzda] |
| Gosta deste local? | **Burayı sevdiniz mi?** [burajı sɛvdiniz mi?] |
| Está com alguém? | **Biriyle birlikte mi geldiniz?** [birijle birliktɛ mi geldiniz?] |
| Estou com o meu amigo. | **Arkadaşımlayım.** [arkadaʃımlajım] |

| | |
|---|---|
| Estou com os meus amigos. | **Arkadaşlarımlayım.** <br> [arkadaʃlarımlajım] |
| Não, estou sozinho /sozinha/. | **Hayır, yalnızım.** <br> [hajır, jalnızım] |

| | |
|---|---|
| Tens namorado? | **Erkek arkadaşınız var mı?** <br> [ɛrkek arkadaʃınız var mı?] |
| Tenho namorado. | **Erkek arkadaşım var.** <br> [ɛrkek arkadaʃım var] |
| Tens namorada? | **Kız arkadaşınız var mı?** <br> [kız arkadaʃınız var mı?] |
| Tenho namorada. | **Kız arkadaşım var.** <br> [kız arkadaʃım var] |

| | |
|---|---|
| Posso voltar a vêr-te? | **Seni tekrar görebilir miyim?** <br> [seni tekrar gørebilir mijim?] |
| Posso ligar-te? | **Seni arayabilir miyim?** <br> [seni arajabilir mijim?] |
| Liga-me. | **Ara beni.** <br> [ara beni] |
| Qual é o teu número? | **Telefon numaran nedir?** <br> [tɛlefon numaran nɛdir?] |
| Tenho saudades tuas. | **Seni özledim.** <br> [seni øzledim] |

| | |
|---|---|
| Tem um nome muito bonito. | **Adınız çok güzel.** <br> [adınız tʃok gyzɛl] |
| Amo-te. | **Seni seviyorum.** <br> [seni sevijorum] |
| Quer casar comigo? | **Benimle evlenir misin?** <br> [benimle ɛvlenir misin?] |

| | |
|---|---|
| Você está a brincar! | **Şaka yapıyorsunuz!** <br> [ʃaka japıjorsunuz!] |
| Estou só a brincar. | **Sadece şaka yapıyorum.** <br> [sadedʒɛ ʃaka japıjorum] |

| | |
|---|---|
| Está a falar a sério? | **Ciddi misiniz?** <br> [dʒiddi misiniz?] |
| Estou a falar a sério. | **Ciddiyim.** <br> [dʒiddijim] |
| De verdade?! | **Gerçekten mi?!** <br> [gertʃektɛn mi?!] |
| Incrível! | **İnanılmaz!** <br> [inanılmaz!] |
| Não acredito. | **Size inanmıyorum.** <br> [sizɛ inanmıjorum] |

| | |
|---|---|
| Não posso. | **Yapamam.** <br> [japamam] |
| Não sei. | **Bilmiyorum.** <br> [bilmijorum] |

Não entendo o que está a dizer.

Saia, por favor.

Deixe-me em paz!

Eu não o suporto.

Você é detestável!

Vou chamar a polícia!

**Sizi anlamıyorum.**
[sizi anlamıjorum]

**Lütfen gider misiniz?**
[lytfɛn gidɛr misiniz?]

**Beni rahat bırakın!**
[beni rahat bırakın!]

**Ona katlanamıyorum!**
[ona katlanamıjorum!]

**İğrençsiniz!**
[iːirɛntʃsiniz!]

**Polisi arayacağım!**
[polisi arajadʒaːım!]

# Partilha de impressões. Emoções

| | |
|---|---|
| Gosto disto. | **Bunu sevdim.**<br>[bunu sɛvdim] |
| É muito simpático. | **Çok hoş.**<br>[ʧok hoʃ] |
| Fixe! | **Bu harika!**<br>[bu harika!] |
| Não é mau. | **Fena değil.**<br>[fena dɛ:il] |

| | |
|---|---|
| Não gosto disto. | **Bundan hoşlanmadım.**<br>[bundan hoʃlanmadım] |
| Isso não está certo. | **Bu iyi değil.**<br>[bu iji dɛ:il] |
| Isso é mau. | **Bu kötü.**<br>[bu køty] |
| Isso é muito mau. | **Bu çok kötü.**<br>[bu ʧok køty] |
| Isso é asqueroso. | **Bu iğrenç.**<br>[bu i:irɛnʧ] |

| | |
|---|---|
| Estou feliz. | **Mutluyum.**<br>[mutlujum] |
| Estou contente. | **Halimden memnunum.**<br>[halimdɛn mɛmnunum] |
| Estou apaixonado /apaixonada/. | **Aşığım.**<br>[aʃı:ım] |
| Estou calmo /calma/. | **Sakinim.**<br>[sakinim] |
| Estou aborrecido /aborrecida/. | **Sıkıldım.**<br>[sıkıldım] |

| | |
|---|---|
| Estou cansado /cansada/. | **Yorgunum.**<br>[jorgunum] |
| Estou triste. | **Üzgünüm.**<br>[yzgynym] |
| Estou apavorado /apavorada/. | **Korkuyorum.**<br>[korkujorum] |

| | |
|---|---|
| Estou zangado /zangada/. | **Kızgınım.**<br>[kızgınım] |
| Estou preocupado /preocupada/. | **Endişeliyim.**<br>[ɛndiʃɛlijim] |
| Estou nervoso /nervosa/. | **Gerginim.**<br>[gerginim] |

Estou ciumento /ciumenta/.

**Kıskanıyorum.**
[kıskanıjorum]

Estou surpreendido /surpreendida/.

**Şaşırdım.**
[ʃaʃirdım]

Estou perplexo /perplexa/.

**Şaşkınım.**
[ʃaʃkınım]

## Problemas. Acidentes

Tenho um problema.

**Bir sorunum var.**
[bir sorunum var]

Temos um problema.

**Bir sorunumuz var.**
[bir sorunumuz var]

Estou perdido.

**Kayboldum.**
[kajboldum]

Perdi o último autocarro.

**Son otobüsü (treni) kaçırdım.**
[son otobysy (treni) katʃırdım]

Não me resta nenhum dinheiro.

**Hiç param kalmadı.**
[hitʃ param kalmadı]

Eu perdi …

**… kaybettim.**
[… kajbɛttim]

Roubaram-me …

**Biri … çaldı.**
[biri … tʃaldı]

o meu passaporte

**pasaportumu**
[pasaportumu]

a minha carteira

**cüzdanımı**
[dʒyzdanımı]

os meus papéis

**belgelerimi**
[belgelerimi]

o meu bilhete

**biletimi**
[biletimi]

o dinheiro

**paramı**
[paramı]

a minha mala

**el çantamı**
[ɛl tʃantamı]

a minha camara

**fotoğraf makinamı**
[foto:raf makinamı]

o meu computador

**dizüstü bilgisayarımı**
[dizysty bilgisajarımı]

o meu tablet

**tablet bilgisayarımı**
[tablet bilgisajarımı]

o meu telemóvel

**cep telefonumu**
[dʒɛp tɛlefonumu]

Ajude-me!

**Yardım edin!**
[jardım ɛdin!]

O que é que aconteceu?

**Ne oldu?**
[nɛ oldu?]

fogo

**yangın**
[jangın]

| tiroteio | **silahlı çatışma** |
| | [silahlı tʃatıʃma] |
| assassínio | **cinayet** |
| | [dʒinajet] |
| explosão | **patlama** |
| | [patlama] |
| briga | **kavga** |
| | [kavga] |

| Chame a polícia! | **Polis çağırın!** |
| | [polis tʃaːɪrın!] |
| Mais depressa, por favor! | **Lütfen acele edin!** |
| | [lytfɛn adʒɛle edin!] |
| Estou à procura de uma esquadra de polícia. | **Karakolu arıyorum.** |
| | [karakolu arıjorum] |
| Preciso de telefonar. | **Telefon açmam gerek.** |
| | [tɛlefon atʃmam gerek] |
| Posso telefonar? | **Telefonunuzu kullanabilir miyim?** |
| | [tɛlefonunuzu kullanabilir mijim?] |

| Fui ... | **Ben ...** |
| | [ben ...] |
| assaltado /assaltada/ | **gasp edildim.** |
| | [gasp ɛdildim] |
| roubado /roubada/ | **soyuldum.** |
| | [sojuldum] |
| violada | **tecavüze uğradım.** |
| | [tɛdʒavyzɛ uːradım] |
| atacado /atacada/ | **saldırıya uğradım.** |
| | [saldırıja uːradım] |

| Está tudo bem consigo? | **İyi misiniz?** |
| | [iji misiniz?] |
| Viu quem foi? | **Kim olduğunu gördünüz mü?** |
| | [kim oldu:unu gørdynyz my?] |
| Seria capaz de reconhecer a pessoa? | **Yapanı görseniz, tanıyabilir misiniz?** |
| | [japanı gørsɛniz, tanıjabilir misiniz?] |
| Tem a certeza? | **Emin misiniz?** |
| | [ɛmin misiniz?] |

| Acalme-se, por favor. | **Lütfen sakinleşin.** |
| | [lytfɛn sakinleʃin] |
| Calma! | **Sakin ol!** |
| | [sakin ol!] |
| Não se preocupe. | **Endişelenmeyin!** |
| | [ɛndiʃɛlenmɛjin!] |
| Vai ficar tudo bem. | **Herşey yoluna girecek.** |
| | [hɛrʃɛj joluna giredʒek] |
| Está tudo em ordem. | **Herşey yolunda.** |
| | [hɛrʃɛj jolunda] |
| Chegue aqui, por favor. | **Buraya gelin, lütfen.** |
| | [buraja gelin, lytfɛn] |

Tenho algumas questões a colocar-lhe.

**Size birkaç sorum olacak.**
[sizɛ birkatʃ sorum oladʒak]

Aguarde um momento, por favor.

**Bir dakika bekler misiniz, lütfen?**
[bir dakika beklɛr misiniz, lytfɛn?]

Tem alguma identificação?

**Kimliğiniz var mı?**
[kimliğiniz var mı?]

Obrigado. Pode ir.

**Teşekkürler. Şimdi gidebilirsiniz.**
[tɛʃekkyrlɛr. ʃimdi gidɛbilirsiniz]

Mãos atrás da cabeça!

**Ellerinizi başınızın arkasına koyun!**
[ɛllɛrinizi baʃınızın arkasına kojun!]

Você está preso!

**Tutuklusunuz!**
[tutuklusunuz!]

## Problemas de saúde

Ajude-me, por favor.

**Lütfen bana yardım eder misiniz?**
[lytfɛn bana jardɪm ɛdɛr misiniz?]

Não me sinto bem.

**Kendimi iyi hissetmiyorum.**
[kendimi iji hissɛtmijorum]

O meu marido não se sente bem.

**Kocam kendisini iyi hissetmiyor.**
[kodʒam kendisini iji hissɛtmijor]

O meu filho ...

**Oğlum ...**
[oːlum ...]

O meu pai ...

**Babam ...**
[babam ...]

A minha mulher não se sente bem.

**Karım kendisini iyi hissetmiyor.**
[karɪm kendisini iji hissɛtmijor]

A minha filha ...

**Kızım ...**
[kɪzɪm ...]

A minha mãe ...

**Annem ...**
[annɛm ...]

Tenho uma ...

**... ağrıyor.**
[... aːrɪjor]

dor de cabeça

**Başım**
[baʃɪm]

dor de garganta

**Boğazım**
[boːazɪm]

dor de barriga

**Midem**
[midɛm]

dor de dentes

**Dişim**
[diʃim]

Estou com tonturas.

**Başım dönüyor.**
[baʃɪm dønyjor]

Ele está com febre.

**Ateşi var.**
[atɛʃi var]

Ela está com febre.

**Ateşi var.**
[atɛʃi var]

Não consigo respirar.

**Nefes alamıyorum.**
[nɛfɛs alamɪjorum]

Estou a sufocar.

**Nefesim daralıyor.**
[nɛfɛsim daralɪjor]

Sou asmático /asmática/.

**Astımım var.**
[astɪmɪm var]

Sou diabético /diabética/.

**Şeker hastalığım var.**
[ʃekɛr hastalɪːɪm var]

Estou com insónia.

**Uyuyamıyorum.**
[ujujamıjorum]

intoxicação alimentar

**Gıda zehirlenmesi**
[gıda zɛhirlenmɛsi]

Dói aqui.

**Burası acıyor.**
[burası adʒıjor]

Ajude-me!

**Yardım edin!**
[jardım ɛdin!]

Estou aqui!

**Buradayım!**
[buradajım!]

Estamos aqui!

**Buradayız!**
[buradajız!]

Tirem-me daqui!

**Beni buradan çıkarın!**
[beni buradan tʃıkarın!]

Preciso de um médico.

**Doktora ihtiyacım var.**
[doktora ihtijadʒım var]

Não me consigo mexer.

**Hareket edemiyorum.**
[harekɛt ɛdɛmijorum]

Não consigo mover as pernas.

**Bacaklarımı kıpırdatamıyorum.**
[badʒaklarımı kıpırdatamıjorum]

Estou ferido.

**Yaralandım.**
[jaralandım]

É grave?

**Ciddi mi?**
[dʒiddi mi?]

Tenho os documentos no bolso.

**Belgelerim cebimde.**
[belgelerim dʒɛbimdɛ]

Acalme-se!

**Sakin olun!**
[sakin olun!]

Posso telefonar?

**Telefonunuzu kullanabilir miyim?**
[tɛlefonunuzu kullanabilir mijim?]

Chame uma ambulância!

**Ambulans çağırın!**
[ambulans tʃa:ırın!]

É urgente!

**Acil!**
[adʒil!]

É uma emergência!

**Bu bir acil durum!**
[bu bir adʒil durum!]

Mais depressa, por favor!

**Lütfen acele edin!**
[lytfɛn adʒɛle ɛdin!]

Chame o médico, por favor.

**Lütfen doktor çağırır mısınız?**
[lytfɛn doktor tʃa:ırır mısınız?]

Onde fica o hospital?

**Hastane nerede?**
[hastanɛ nɛrɛdɛ?]

Como se sente?

**Kendinizi nasıl hissediyorsunuz?**
[kendinizi nasıl hissɛdijorsunuz?]

Está tudo bem consigo?

**İyi misiniz?**
[iji misiniz?]

O que é que aconteceu?

**Ne oldu?**
[nɛ oldu?]

Já me sinto melhor.

**Şimdi daha iyiyim.**
[ʃimdi daha ijijim]

Está tudo em ordem.

**Sorun değil.**
[sorun dɛːil]

Tubo bem.

**Bir şeyim yok.**
[bir ʃɛjim jok]

## Na farmácia

| | |
|---|---|
| farmácia | **eczane**<br>[ɛdʒzane] |
| farmácia de serviço | **nöbetçi eczane**<br>[nøbɛttʃi ɛdʒzane] |
| Onde fica a farmácia mais próxima? | **En yakın eczane nerede?**<br>[ɛn jakın ɛdʒzane nɛrɛdɛ?] |
| Está aberto agora? | **Şu an açık mı?**<br>[ʃu an atʃık mı?] |
| A que horas abre? | **Saat kaçta açılıyor?**<br>[saat katʃta atʃılıjor?] |
| A que horas fecha? | **Saat kaçta kapanıyor?**<br>[saat katʃta kapanıjor?] |
| Fica longe? | **Uzakta mı?**<br>[uzakta mı?] |
| Posso ir até lá a pé? | **Oraya yürüyerek gidebilir miyim?**<br>[oraja jyryjerek gidɛbilir mijim?] |
| Pode-me mostrar no mapa? | **Yerini haritada gösterebilir misiniz?**<br>[jerini haritada gøstɛrɛbilir misiniz?] |
| Por favor dê-me algo para … | **Lütfen … için bir şey verir misiniz?**<br>[lytfɛn … itʃin bir ʃɛj vɛrir misiniz?] |
| as dores de cabeça | **baş ağrısı**<br>[baʃ aːrısı] |
| a tosse | **öksürük**<br>[øksyryk] |
| o resfriado | **soğuk algınlığı**<br>[soːuk algınlıːı] |
| a gripe | **grip**<br>[grip] |
| a febre | **ateş**<br>[atɛʃ] |
| uma dor de estômago | **mide ağrısı**<br>[midɛ aːrısı] |
| as náuseas | **bulantı**<br>[bulantı] |
| a diarreia | **ishal**<br>[ishal] |
| a constipação | **kabızlık**<br>[kabızlık] |
| as dores nas costas | **sırt ağrısı**<br>[sırt aːrısı] |

| | |
|---|---|
| as dores no peito | **göğüs ağrısı**<br>[gøːøys aːrısı] |
| a sutura | **dalak şişmesi**<br>[dalak ʃiʃmɛsi] |
| as dores abdominais | **karın ağrısı**<br>[karın aːrısı] |
| | |
| comprimido | **hap**<br>[hap] |
| unguento, creme | **merhem, krem**<br>[mɛrhɛm, krɛm] |
| charope | **şurup**<br>[ʃurup] |
| spray | **sprey**<br>[sprɛj] |
| dropes | **damla**<br>[damla] |
| | |
| Você precisa de ir ao hospital. | **Hastaneye gitmeniz gerek.**<br>[hastanɛje gitmɛniz gerek] |
| seguro de saúde | **sağlık sigortası**<br>[saːlık sigortası] |
| prescrição | **reçete**<br>[retʃɛtɛ] |
| repelente de insetos | **böcek ilacı**<br>[bødʒek iladʒı] |
| penso rápido | **yara bandı**<br>[jara bandı] |

# O mínimo

Desculpe, ...

**Affedersiniz, ...**
[affedɛrsiniz, ...]

Olá!

**Merhaba.**
[mɛrhaba]

Obrigado /Obrigada/.

**Teşekkürler.**
[teʃekkyrlɛr]

Adeus.

**Hoşça kalın.**
[hoʃʧa kalın]

Sim.

**Evet.**
[ɛvet]

Não.

**Hayır.**
[hajır]

Não sei.

**Bilmiyorum.**
[bilmijorum]

Onde? | Para onde? | Quando?

**Nerede? | Nereye? | Ne zaman?**
[nɛrɛdɛ? | nɛrɛje? | nɛ zaman?]

Preciso de ...

**Bana ... lazım.**
[bana ... lazım]

Eu queria ...

**... istiyorum.**
[... istijorum]

Tem ...?

**Sizde ... var mı?**
[sizdɛ ... var mı?]

Há aqui ...?

**Burada ... var mı?**
[burada ... var mı?]

Posso ...?

**... yapabilir miyim?**
[... japabilir mijim?]

..., por favor

**..., lütfen**
[..., lytfɛn]

Estou à procura de ...

**Ben ... arıyorum.**
[ben ... arıjorum]

casa de banho

**tuvaleti**
[tuvaleti]

Multibanco

**bankamatik**
[bankamatik]

farmácia

**eczane**
[ɛdʒzane]

hospital

**hastane**
[hastanɛ]

esquadra de polícia

**karakolu**
[karakolu]

metro

**metroyu**
[metroju]

| | |
|---|---|
| táxi | **taksi**<br>[taksi] |
| estação de comboio | **tren istasyonunu**<br>[tren istasjonunu] |

| | |
|---|---|
| Chamo-me … | **Benim adım …**<br>[benim adım …] |
| Como se chama? | **Adınız nedir?**<br>[adınız nɛdir?] |
| Pode-me dar uma ajuda? | **Bana yardım edebilir misiniz, lütfen?**<br>[bana jardım ɛdɛbilir misiniz, lytfɛn?] |
| Tenho um problema. | **Bir sorunum var.**<br>[bir sorunum var] |
| Não me sinto bem. | **Kendimi iyi hissetmiyorum.**<br>[kendimi iji hissɛtmijorum] |
| Chame a ambulância! | **Ambulans çağırın!**<br>[ambulans tʃaːırın!] |
| Posso fazer uma chamada? | **Telefonunuzdan bir arama yapabilir miyim?**<br>[tɛlefonunuzdan bir arama japabilir mijim?] |

| | |
|---|---|
| Desculpe. | **Üzgünüm.**<br>[yzgynym] |
| De nada. | **Rica ederim.**<br>[ridʒa ɛdɛrim] |

| | |
|---|---|
| eu | **Ben, bana**<br>[ben, bana] |
| tu | **sen**<br>[sen] |
| ele | **o**<br>[o] |
| ela | **o**<br>[o] |
| eles | **onlar**<br>[onlar] |
| elas | **onlar**<br>[onlar] |
| nós | **biz**<br>[biz] |
| vocês | **siz**<br>[siz] |
| você | **siz**<br>[siz] |

| | |
|---|---|
| ENTRADA | **GİRİŞ**<br>[giriʃ] |
| SAÍDA | **ÇIKIŞ**<br>[tʃikiʃ] |
| FORA DE SERVIÇO | **HİZMET DIŞI**<br>[hizmɛt diʃi] |

FECHADO

**KAPALI**
[kapalı]

ABERTO

**AÇIK**
[atʃik]

PARA SENHORAS

**KADINLAR İÇİN**
[kadinlar itʃin]

PARA HOMENS

**ERKEKLER İÇİN**
[ɛrkeklɛr itʃin]

T&P BOOKS

# VOCABULÁRIO TÓPICO

Esta secção contém mais
de 3.000 das palavras mais
importantes.
O dicionário fornecerá uma
ajuda inestimável ao viajar
para o estrangeiro, porque
frequentemente o uso
de palavras individuais
é suficiente para ser
compreendido. O dicionário
inclui uma transcrição
conveniente de cada palavra
estrangeira

T&P Books Publishing

# CONTEÚDO DO DICIONÁRIO

T&P Books Publishing

# CONCEITOS BÁSICOS

T&P Books Publishing

## 1. Pronomes

| | | |
|---|---|---|
| eu | **ben** | [bæn] |
| tu | **sen** | [sæn] |
| | | |
| ele, ela | **o** | [o] |
| nós | **biz** | [biz] |
| vocês | **siz** | [siz] |
| eles, -as | **onlar** | [onlar] |

## 2. Cumprimentos. Saudações

| | | |
|---|---|---|
| Olá! | **Selam!** | [sæʎam] |
| Bom dia! (formal) | **Merhaba!** | [mærhaba] |
| Bom dia! (de manhã) | **Günaydın!** | [gynajdın] |
| Boa tarde! | **İyi günler!** | [ijı gynlær] |
| Boa noite! | **İyi akşamlar!** | [ijı akʃamlar] |
| | | |
| cumprimentar (vt) | **selam vermek** | [sæʎam værmæk] |
| Olá! | **Selam!, Merhaba!** | [sæʎam mærhaba] |
| saudação (f) | **selam** | [sæʎam] |
| saudar (vt) | **selamlamak** | [sæʎamlamak] |
| Como vai? | **Nasılsın?** | [nasılsın] |
| O que há de novo? | **Ne var ne yok?** | [næ var næ jok] |
| | | |
| Até à vista! | **Hoşca kalın!** | [hoʃdʒa kalın] |
| Até breve! | **Görüşürüz!** | [gøryʃyryz] |
| Adeus! (sing.) | **Güle güle!** | [gylæ gylæ] |
| Adeus! (pl) | **Elveda!** | [æʎvæda] |
| despedir-se (vp) | **vedalaşmak** | [vædalaʃmak] |
| Até logo! | **Hoşça kal!** | [hoʃtʃa kal] |
| | | |
| Obrigado! -a! | **Teşekkür ederim!** | [tæʃækkyr ædærim] |
| Muito obrigado! -a! | **Çok teşekkür ederim!** | [tʃok tæʃækkyr ædærim] |
| De nada | **Rica ederim** | [ridʒa ædærim] |
| Não tem de quê | **Bir şey değil** | [bir ʃæj di:ʎ] |
| De nada | **Estağfurullah** | [æsta:furulla] |
| | | |
| Desculpa! | **Affedersin!** | [afædærsin] |
| Desculpe! | **Affedersiniz!** | [afædærsiniz] |
| desculpar (vt) | **affetmek** | [afætmæk] |
| | | |
| desculpar-se (vp) | **özür dilemek** | [øzyr dilæmæk] |
| As minhas desculpas | **Özür dilerim** | [øzyr dilærim] |

| Desculpe! | **Affedersiniz!** | [afædærsiniz] |
| perdoar (vt) | **affetmek** | [afætmæk] |
| por favor | **lütfen** | [lytfæn] |

| Não se esqueça! | **Unutmayın!** | [unutmajın] |
| Certamente! Claro! | **Kesinlikle!** | [kæsinliktæ] |
| Claro que não! | **Tabi ki hayır!** | [tabi ki hajır] |
| De acordo! | **Tamam!** | [tamam] |
| Basta! | **Yeter artık!** | [jætær artık] |

## 3. Questões

| Quem? | **Kim?** | [kim] |
| Que? | **Ne?** | [næ] |
| Onde? | **Nerede?** | [nærædæ] |
| Para onde? | **Nereye?** | [næræjæ] |
| De onde? | **Nereden?** | [nærædæn] |
| Quando? | **Ne zaman?** | [næ zaman] |
| Para quê? | **Neden?** | [nædæn] |
| Porquê? | **Neden?** | [nædæn] |

| Para quê? | **Ne için?** | [næ itʃin] |
| Como? | **Nasıl?** | [nasıl] |
| Qual? | **Hangi?** | [haŋi] |
| Qual? | **Kaçıncı?** | [katʃındʒı] |

| A quem? | **Kime?** | [kimæ] |
| Sobre quem? | **Kim hakkında?** | [kim hakında] |
| Do quê? | **Ne hakkında?** | [næ hakında] |
| Com quem? | **Kimle?** | [kimlæ] |

| Quantos? -as? | **Ne kadar?** | [næ kadar] |
| Quanto? | **Kaç?** | [katʃ] |
| De quem? (masc.) | **Kimin?** | [kimin] |

## 4. Preposições

| com (prep.) | **… -ile, … -le, … -la** | [ilæ], [ læ], [ la] |
| sem (prep.) | **… -sız, … -suz** | [sız], [ suz] |
| a, para (exprime lugar) | **… -e, … -a** | [æ], [ a] |
| sobre (ex. falar ~) | **hakkında** | [hakkında] |
| antes de … | **önce** | [øndʒæ] |
| diante de … | **önünde** | [ønyndæ] |

| sob (debaixo de) | **altında** | [altında] |
| sobre (em cima de) | **üstünde** | [justyndæ] |
| sobre (~ a mesa) | **üstüne** | [justynæ] |
| de (vir ~ Lisboa) | **… -den, … -dan** | [dæn], [ dan] |

| de (feito ~ pedra) | ... -den, ... -dan | [dæn], [ dan] |
| dentro de (~ dez minutos) | sonra | [sonra] |
| por cima de ... | üstünden | [justyndæn] |

## 5.  Palavras funcionais. Advérbios. Parte 1

| Onde? | Nerede? | [næræedæ] |
| aqui | burada | [burada] |
| lá, ali | orada | [orada] |
| | | |
| em algum lugar | bir yerde | [birᵃ jærdæ] |
| em lugar nenhum | hiç bir yerde | [hitʃ birᵃ jærdæ] |
| | | |
| ao pé de ... | ... yanında | [janında] |
| ao pé da janela | pencerenin yanında | [pændʒæræenin janında] |
| | | |
| Para onde? | Nereye? | [næræjæ] |
| para cá | buraya | [buraja] |
| para lá | oraya | [oraja] |
| daqui | buradan | [buradan] |
| de lá, dali | oradan | [oradan] |
| | | |
| perto | yakında | [jakında] |
| longe | uzağa | [uza:] |
| | | |
| perto de ... | yakında | [jakında] |
| ao lado de | yakınında | [jakınında] |
| perto, não fica longe | civarında | [dʒivarında] |
| | | |
| esquerdo | sol | [sol] |
| à esquerda | solda | [solda] |
| para esquerda | sola | [sola] |
| | | |
| direito | sağ | [sa:] |
| à direita | sağda | [sa:da] |
| para direita | sağa | [sa:] |
| | | |
| à frente | önde | [øndæ] |
| da frente | ön | [øn] |
| em frente (para a frente) | ileri | [ilæri] |
| | | |
| atrás de ... | arkada | [arkada] |
| por detrás (vir ~) | arkadan | [arkadan] |
| para trás | geriye | [gærijæ] |
| | | |
| meio (m), metade (f) | orta | [orta] |
| no meio | ortasında | [ortasında] |
| | | |
| de lado | kenarda | [kænarda] |
| em todo lugar | her yerde | [hær jærdæ] |

| ao redor (olhar ~) | çevrede | [tʃævrædæ] |
| de dentro | içeriden | [itʃæridæn] |
| para algum lugar | bir yere | [bir jæræ] |
| diretamente | dosdoğru | [dosdoːru] |
| de volta | geri | [gæri] |

| de algum lugar | bir yerden | [bir jærdæn] |
| de um lugar | bir yerden | [bir jærdæn] |

| em primeiro lugar | ilk olarak | [iʌk olarak] |
| em segundo lugar | ikinci olarak | [ikindʒi olarak] |
| em terceiro lugar | üçüncü olarak | [jutʃundʒy olarak] |

| de repente | birdenbire | [birdænbiræ] |
| no início | başlangıçta | [baʃlaŋɪtʃta] |
| pela primeira vez | ilk kez | [ilk kæz] |
| muito antes de … | çok daha önce … | [tʃok daː øndʒæ] |
| de novo, novamente | yeniden | [jænidæn] |
| para sempre | sonsuza kadar | [sonsuza kadar] |

| nunca | hiçbir zaman | [hitʃbir zaman] |
| de novo | tekrar | [tækrar] |
| agora | şimdi | [ʃimdi] |
| frequentemente | sık | [sɪk] |
| então | o zaman | [o zaman] |
| urgentemente | acele | [adʒælæ] |
| usualmente | genellikle | [gænælliklæ] |

| a propósito, … | aklıma gelmişken, … | [aklıma gæʌmiʃkæn] |
| é possível | mümkündür | [mymkyndyr] |
| provavelmente | muhtemelen | [muhtæmælæn] |
| talvez | olabilir | [olabilir] |
| além disso, … | ayrıca … | [ajrɪdʒa] |
| por isso … | onun için | [onun itʃin] |
| apesar de … | rağmen … | [raːmæn] |
| graças a … | … sayesinde | [sajæsindæ] |

| que (pron.) | ne | [næ] |
| que (conj.) | … -ki, … -dığı, … -diği | [ki], [ dɪː], [ diː] |
| algo | bir şey | [bir ʃæj] |
| alguma coisa | bir şey | [bir ʃæj] |
| nada | hiçbir şey | [hitʃbir ʃæj] |

| quem | kim | [kim] |
| alguém | birisi | [birisɪ] |
| (~ teve uma ideia …) | | |
| alguém | birisi | [birisɪ] |

| ninguém | hiç kimse | [hitʃ kimsæ] |
| para lugar nenhum | hiçbir yere | [hitʃbir jæræ] |
| de ninguém | kimsesiz | [kimsæsiz] |
| de alguém | birinin | [birinin] |

| tão | öylesine | [øjlæsinæ] |
| também (gostaria ~ de ...) | dahi, ayrıca | [dahi], [ajrıdʒa] |
| também (~ eu) | da | [da] |

## 6. Palavras funcionais. Advérbios. Parte 2

| Porquê? | Neden? | [nædæn] |
| por alguma razão | nedense | [nædænsæ] |
| porque ... | çünkü | [tʃuŋkju] |
| por qualquer razão | her nedense | [hær nædænsæ] |

| e (tu ~ eu) | ve | [væ] |
| ou (ser ~ não ser) | veya | [væja] |
| mas (porém) | fakat | [fakat] |
| para (~ a minha mãe) | için | [itʃin] |

| demasiado, muito | fazla | [fazla] |
| só, somente | ancak | [andʒak] |
| exatamente | tam | [tam] |
| cerca de (~ 10 kg) | yaklaşık | [jaklaʃık] |

| aproximadamente | yaklaşık olarak | [jaklaʃık olarak] |
| aproximado | yaklaşık | [jaklaʃık] |
| quase | hemen | [hæmæn] |
| resto (m) | geri kalan | [gæri kalan] |

| cada | her biri | [hær biri] |
| qualquer | herhangi biri | [hærhaɲi biri] |
| muito | çok | [tʃok] |
| muitas pessoas | birçokları | [birtʃokları] |
| todos | hepsi, herkes | [hæpsi], [hærkæz] |

| em troca de ... | ... karşılık olarak | [karʃilik olarak] |
| em troca | yerine | [jærinæ] |
| à mão | elle, el ile | [ællæ], [æʎ ilæ] |
| pouco provável | şüpheli | [ʃyphæli] |

| provavelmente | galiba | [galiba] |
| de propósito | mahsus | [mahsus] |
| por acidente | tesadüfen | [tæsadyfæn] |

| muito | pek | [pæk] |
| por exemplo | mesela | [mæsæʎa] |
| entre | arasında | [arasında] |
| entre (no meio de) | ortasında | [ortasında] |
| tanto | kadar | [kadar] |
| especialmente | özellikle | [øzæʎiklæ] |

# NÚMEROS. DIVERSOS

**T&P Books Publishing**

## 7. Números cardinais. Parte 1

| | | |
|---|---|---|
| zero | **sıfır** | [sıfır] |
| um | **bir** | [bir] |
| dois | **iki** | [iki] |
| três | **üç** | [juʧ] |
| quatro | **dört** | [dørt] |
| | | |
| cinco | **beş** | [bæʃ] |
| seis | **altı** | [altı] |
| sete | **yedi** | [jædi] |
| oito | **sekiz** | [sækiz] |
| nove | **dokuz** | [dokuz] |
| | | |
| dez | **on** | [on] |
| onze | **on bir** | [on bir] |
| doze | **on iki** | [on iki] |
| treze | **on üç** | [on juʧ] |
| catorze | **on dört** | [on dørt] |
| | | |
| quinze | **on beş** | [on bæʃ] |
| dezasseis | **on altı** | [on altı] |
| dezassete | **on yedi** | [on jædi] |
| dezoito | **on sekiz** | [on sækiz] |
| dezanove | **on dokuz** | [on dokuz] |
| | | |
| vinte | **yirmi** | [jırmi] |
| vinte e um | **yirmi bir** | [jırmi bir] |
| vinte e dois | **yirmi iki** | [jırmi iki] |
| vinte e três | **yirmi üç** | [jırmi juʧ] |
| | | |
| trinta | **otuz** | [otuz] |
| trinta e um | **otuz bir** | [otuz bir] |
| trinta e dois | **otuz iki** | [otuz iki] |
| trinta e três | **otuz üç** | [otuz juʧ] |
| | | |
| quarenta | **kırk** | [kırk] |
| quarenta e um | **kırk bir** | [kırk bir] |
| quarenta e dois | **kırk iki** | [kırk iki] |
| quarenta e três | **kırk üç** | [kırk juʧ] |
| | | |
| cinquenta | **elli** | [ælli] |
| cinquenta e um | **elli bir** | [ælli bir] |
| cinquenta e dois | **elli iki** | [ælli iki] |
| cinquenta e três | **elli üç** | [ælli juʧ] |
| sessenta | **altmış** | [altmıʃ] |

| sessenta e um | altmış bir | [altmɪʃ bir] |
| sessenta e dois | altmış iki | [altmɪʃ iki] |
| sessenta e três | altmış üç | [altmɪʃ jutʃ] |
| | | |
| setenta | yetmiş | [jætmiʃ] |
| setenta e um | yetmiş bir | [jætmiʃ bir] |
| setenta e dois | yetmiş iki | [jætmiʃ iki] |
| setenta e três | yetmiş üç | [jætmiʃ jutʃ] |
| | | |
| oitenta | seksen | [sæksæn] |
| oitenta e um | seksen bir | [sæksæn bir] |
| oitenta e dois | seksen iki | [sæksæn iki] |
| oitenta e três | seksen üç | [sæksæn jutʃ] |
| | | |
| noventa | doksan | [doksan] |
| noventa e um | doksan bir | [doksan bir] |
| noventa e dois | doksan iki | [doksan iki] |
| noventa e três | doksan üç | [doksan jutʃ] |

## 8. Números cardinais. Parte 2

| cem | yüz | [juz] |
| duzentos | iki yüz | [iki juz] |
| trezentos | üç yüz | [utʃ juz] |
| quatrocentos | dört yüz | [dørt juz] |
| quinhentos | beş yüz | [bæʃ juz] |
| | | |
| seiscentos | altı yüz | [altı juz] |
| setecentos | yedi yüz | [jædi juz] |
| oitocentos | sekiz yüz | [sækiz juz] |
| novecentos | dokuz yüz | [dokuz juz] |
| | | |
| mil | bin | [bin] |
| dois mil | iki bin | [iki bin] |
| três mil | üç bin | [jutʃ bin] |
| dez mil | on bin | [on bin] |
| cem mil | yüz bin | [juz bin] |
| um milhão | milyon | [bir miʎon] |
| mil milhões | milyar | [bir miʎjar] |

## 9. Números ordinais

| primeiro | birinci | [birindʒi] |
| segundo | ikinci | [ikindʒi] |
| terceiro | üçüncü | [utʃundʒy] |
| quarto | dördüncü | [dørdyndʒy] |
| quinto | beşinci | [bæʃindʒi] |
| sexto | altıncı | [altındʒı] |

| sétimo | **yedinci** | [jædindʒi] |
| oitavo | **sekizinci** | [sækizindʒi] |
| nono | **dokuzuncu** | [dokuzundʒu] |
| décimo | **onuncu** | [onundʒu] |

# CORES.
# UNIDADES DE MEDIDA

T&P Books Publishing

| | | |
|---|---|---|
| cor (f) | **renk** | [ræŋk] |
| matiz (m) | **renk tonu** | [ræŋk tonu] |
| tom (m) | **renk tonu** | [ræŋk tonu] |
| arco-íris (m) | **gökkuşağı** | [gøkkuʃaɪ] |
| | | |
| branco | **beyaz** | [bæjaz] |
| preto | **siyah** | [sijah] |
| cinzento | **gri** | [gri] |
| | | |
| verde | **yeşil** | [jæʃiʎ] |
| amarelo | **sarı** | [sarı] |
| vermelho | **kırmızı** | [kırmızı] |
| azul | **mavi** | [mavi] |
| azul claro | **açık mavi** | [atʃık mavi] |
| rosa | **pembe** | [pæmbæ] |
| laranja | **turuncu** | [turundʒu] |
| violeta | **mor** | [mor] |
| castanho | **kahve rengi** | [kahvæ ræŋi] |
| | | |
| dourado | **altın** | [altın] |
| prateado | **gümüşü** | [gymyʃy] |
| bege | **bej rengi** | [bæʒ ræŋi] |
| creme | **krem rengi** | [kræm ræŋi] |
| turquesa | **turkuaz** | [turkuaz] |
| vermelho cereja | **vişne rengi** | [viʃnæ ræŋi] |
| lilás | **leylak rengi** | [læjlak ræŋi] |
| carmesim | **koyu kırmızı** | [koju kırmızı] |
| | | |
| claro | **açık** | [atʃık] |
| escuro | **koyu** | [koju] |
| vivo | **parlak** | [parlak] |
| | | |
| de cor | **renkli** | [ræŋkli] |
| a cores | **renkli** | [ræŋkli] |
| preto e branco | **siyah-beyaz** | [sijahbæjaz] |
| unicolor | **tek renkli** | [tæk ræŋkli] |
| multicor | **rengârenk** | [ræŋjaræŋk] |

| | | |
|---|---|---|
| peso (m) | **ağırlık** | [aırlık] |
| comprimento (m) | **uzunluk** | [uzunluk] |

| largura (f) | en, genişlik | [æn], [gæniʃlik] |
| altura (f) | yükseklik | [juksæklik] |
| profundidade (f) | derinlik | [dærinlik] |
| volume (m) | hacim | [hadʒim] |
| área (f) | alan | [alan] |

| grama (m) | gram | [gram] |
| miligrama (m) | miligram | [miligram] |
| quilograma (m) | kilogram | [kilogram] |
| tonelada (f) | ton | [ton] |
| libra (453,6 gramas) | libre | [libræ] |
| onça (f) | ons | [ons] |

| metro (m) | metre | [mætræ] |
| milímetro (m) | milimetre | [milimætræ] |
| centímetro (m) | santimetre | [santimætræ] |
| quilómetro (m) | kilometre | [kilomætræ] |
| milha (f) | mil | [miʎ] |

| polegada (f) | inç | [intʃ] |
| pé (304,74 mm) | kadem | [kadæm] |
| jarda (914,383 mm) | yarda | [jarda] |

| metro (m) quadrado | metre kare | [mætræ karæ] |
| hectare (m) | hektar | [hæktar] |
| litro (m) | litre | [litræ] |
| grau (m) | derece | [dærædʒæ] |
| volt (m) | volt | [voʎt] |
| ampere (m) | amper | [ampær] |
| cavalo-vapor (m) | beygir gücü | [bæjgir gydʒy] |

| quantidade (f) | miktar | [miktar] |
| um pouco de … | biraz … | [biraz] |
| metade (f) | yarım | [jarım] |
| dúzia (f) | düzine | [dyzinæ] |
| peça (f) | adet, tane | [adæt], [tanæ] |

| dimensão (f) | boyut | [bojut] |
| escala (f) | ölçek | [øʎtʃæk] |

| mínimo | minimum | [minimum] |
| menor, mais pequeno | en küçük | [æn kytʃuk] |
| médio | orta | [orta] |
| máximo | maksimum | [maksimum] |
| maior, mais grande | en büyük | [æn byjuk] |

## 12. Recipientes

| boião (m) de vidro | kavanoz | [kavanoz] |
| lata (~ de cerveja) | teneke | [tænækæ] |

| | | |
|---|---|---|
| balde (m) | kova | [kova] |
| barril (m) | fıçı, varil | [fɪtʃɪ], [varil] |
| | | |
| bacia (~ de plástico) | leğen | [læ:n] |
| tanque (m) | tank | [taŋk] |
| cantil (m) de bolso | matara | [matara] |
| bidão (m) de gasolina | benzin bidonu | [bænzin bidonu] |
| cisterna (f) | sarnıç | [sarnɪtʃ] |
| | | |
| caneca (f) | kupa | [kupa] |
| chávena (f) | fincan | [findʒan] |
| pires (m) | fincan tabağı | [findʒan tabaɪ] |
| copo (m) | bardak | [bardak] |
| taça (m) de vinho | kadeh | [kadæ] |
| panela (f) | tencere | [tændʒæræ] |
| | | |
| garrafa (f) | şişe | [ʃiʃæ] |
| gargalo (m) | boğaz | [boaz] |
| | | |
| jarro, garrafa (f) | sürahi | [syrahi] |
| jarro (m) de barro | testi | [tæsti] |
| recipiente (m) | kap | [kap] |
| pote (m) | çömlek | [tʃomlæk] |
| vaso (m) | vazo | [vazo] |
| | | |
| frasco (~ de perfume) | şişe | [ʃiʃæ] |
| frasquinho (ex. ~ de iodo) | küçük şişe | [kytʃuk ʃiʃæ] |
| tubo (~ de pasta dentífrica) | tüp | [typ] |
| | | |
| saca (ex. ~ de açúcar) | poşet, torba | [poʃæt], [torba] |
| saco (~ de plástico) | çuval | [tʃuval] |
| maço (m) | paket | [pakæt] |
| | | |
| caixa (~ de sapatos, etc.) | kutu | [kutu] |
| caixa (~ de madeira) | sandık | [sandɪk] |
| cesta (f) | sepet | [sæpæt] |

T&P BOOKS

# VERBOS PRINCIPAIS

T&P Books Publishing

| | | |
|---|---|---|
| abrir (vt) | açmak | [atʃmak] |
| acabar, terminar (vt) | bitirmek | [bitirmæk] |
| aconselhar (vt) | tavsiye etmek | [tavsijæ ætmæk] |
| adivinhar (vt) | doğru tahmin etmek | [do:ru tahmin ætmæk] |
| advertir (vt) | uyarmak | [ujarmak] |
| | | |
| ajudar (vt) | yardım etmek | [jardım ætmæk] |
| almoçar (vi) | öğle yemeği yemek | [øjlæ jæmæi jæmæk] |
| alugar (~ um apartamento) | kiralamak | [kiralamak] |
| amar (vt) | sevmek | [sævmæk] |
| ameaçar (vt) | tehdit etmek | [tæhdit ætmæk] |
| | | |
| anotar (escrever) | not almak | [not almak] |
| apanhar (vt) | tutmak | [tutmak] |
| arrepender-se (vp) | üzülmek | [juzylmæk] |
| assinar (vt) | imzalamak | [imzalamak] |
| atirar, disparar (vi) | ateş etmek | [atæʃ ætmæk] |
| | | |
| banhar-se (vp) | suya girmek | [suja girmæk] |
| brincar (vi) | şaka yapmak | [ʃaka japmak] |
| brincar, jogar (crianças) | oynamak | [ojnamak] |
| buscar (vt) | aramak | [aramak] |
| caçar (vi) | avlamak | [avlamak] |
| | | |
| cair (vi) | düşmek | [dyʃmæk] |
| cavar (vt) | kazmak | [kazmak] |
| cessar (vt) | durdurmak | [durdurmak] |
| chamar (~ por socorro) | çağırmak | [tʃaırmak] |
| chegar (vi) | gelmek | [gæʎmæk] |
| | | |
| chorar (vi) | ağlamak | [a:lamak] |
| começar (vt) | başlamak | [baʃlamak] |
| comparar (vt) | karşılaştırmak | [karʃılaʃtırmak] |
| compreender (vt) | anlamak | [anlamak] |
| confiar (vt) | güvenmek | [gyvænmæk] |
| | | |
| confundir (equivocar-se) | ayırt edememek | [ajırt ædæmæmæk] |
| conhecer (vt) | tanımak | [tanımak] |
| contar (fazer contas) | saymak | [sajmak] |
| contar com (esperar) | … güvenmek | [gyvænmæk] |
| continuar (vt) | devam etmek | [dævam ætmæk] |
| | | |
| controlar (vt) | kontrol etmek | [kontroʎ ætmæk] |
| convidar (vt) | davet etmek | [davæt ætmæk] |

| correr (vi) | koşmak | [koʃmak] |
| criar (vt) | oluşturmak | [oluʃturmak] |
| custar (vt) | değerinde olmak | [dæ:rindæ olmak] |

## 14. Os verbos mais importantes. Parte 2

| dar (vt) | vermek | [værmæk] |
| dar uma dica | ipucu vermek | [ipudʒu værmæk] |
| decorar (enfeitar) | süslemek | [syslæmæk] |
| defender (vt) | savunmak | [savunmak] |
| deixar cair (vt) | düşürmek | [dyʃyrmæk] |
| | | |
| descer (para baixo) | aşağı inmek | [aʃaɪ inmæk] |
| desculpar (vt) | affetmek | [afætmæk] |
| desculpar-se (vp) | özür dilemek | [øzyr dilæmæk] |
| dirigir (~ uma empresa) | yönetmek | [jonætmæk] |
| discutir (notícias, etc.) | görüşmek | [gøryʃmæk] |
| | | |
| dizer (vt) | söylemek | [søjlæmæk] |
| duvidar (vt) | tereddüt etmek | [tæræddyt ætmæk] |
| encontrar (achar) | bulmak | [bulmak] |
| enganar (vt) | aldatmak | [aldatmak] |
| entrar (na sala, etc.) | girmek | [girmæk] |
| | | |
| enviar (uma carta) | göndermek | [gøndærmæk] |
| errar (equivocar-se) | hata yapmak | [hata japmak] |
| escolher (vt) | seçmek | [sætʃmæk] |
| esconder (vt) | saklamak | [saklamak] |
| escrever (vt) | yazmak | [jazmak] |
| esperar (o autocarro, etc.) | beklemek | [bæklæmæk] |
| | | |
| esperar (ter esperança) | ummak | [ummak] |
| esquecer (vi, vt) | unutmak | [unutmak] |
| estar com pressa | acele etmek | [adʒælæ ætmæk] |
| estar de acordo | razı olmak | [razı olmak] |
| | | |
| estudar (vt) | öğrenmek | [øjrænmæk] |
| exigir (vt) | talep etmek | [talæp ætmæk] |
| existir (vi) | var olmak | [var olmak] |
| explicar (vt) | izah etmek | [izah ætmæk] |
| | | |
| falar (vi) | konuşmak | [konuʃmak] |
| faltar (clases, etc.) | gelmemek | [gæʌmæmæk] |
| | | |
| fazer (vt) | yapmak, etmek | [japmak], [ætmæk] |
| ficar em silêncio | susmak | [susmak] |
| gabar-se, jactar-se (vp) | övünmek | [øvynmæk] |
| gostar (apreciar) | hoşlanmak | [hoʃlanmak] |
| gritar (vi) | bağırmak | [baırmak] |
| guardar (cartas, etc.) | saklamak | [saklamak] |

## 15. Os verbos mais importantes. Parte 3

| informar (vt) | bilgi vermek | [biʌgi værmæk] |
| insistir (vi) | ısrar etmek | [ısrar ætmæk] |
| insultar (vt) | hakaret etmek | [hakaræt ætmæk] |
| interessar-se (vp) | ilgilenmek | [iʌgilænmæk] |
| ir (a pé) | yürümek, gitmek | [jurymæk], [gitmæk] |

| jantar (vi) | akşam yemeği yemek | [akʃam jæmæi jæmæk] |
| ler (vt) | okumak | [okumak] |
| libertar (cidade, etc.) | özgür bırakmak | [øzgyr bırakmak] |
| matar (vt) | öldürmek | [øldyrmæk] |
| mencionar (vt) | anmak | [anmak] |

| mostrar (vt) | göstermek | [gøstærmæk] |
| mudar (modificar) | değiştirmek | [dæiʃtirmæk] |
| nadar (vi) | yüzmek | [juzmæk] |
| negar-se (vt) | reddetmek | [ræddætmæk] |
| objetar (vt) | itiraz etmek | [itiraz ætmæk] |

| observar (vt) | gözlemlemek | [gøzlæmlæmæk] |
| ordenar (mil.) | emretmek | [æmrætmæk] |
| ouvir (vt) | duymak | [dujmak] |
| pagar (vt) | ödemek | [ødæmæk] |
| parar (vi) | durmak | [durmak] |

| participar (vi) | katılmak | [katılmak] |
| pedir (comida) | sipariş etmek | [sipariʃ ætmæk] |
| pedir (um favor, etc.) | rica etmek | [ridʒa ætmæk] |
| pegar (tomar) | almak | [almak] |
| pensar (vt) | düşünmek | [dyʃynmæk] |

| perceber (ver) | farketmek | [farkætmæk] |
| perdoar (vt) | affetmek | [afætmæk] |
| perguntar (vt) | sormak | [sormak] |
| permitir (vt) | izin vermek | [izin værmæk] |

| pertencer (vt) | … ait olmak | [ait olmak] |
| planear (vt) | planlamak | [pʌanlamak] |
| poder (v aux) | yapabilmek | [japabiʌmæk] |
| possuir (vt) | sahip olmak | [sahip olmak] |

| preferir (vt) | tercih etmek | [tærdʒih ætmæk] |
| preparar (vt) | pişirmek | [piʃirmæk] |
| prever (vt) | önceden görmek | [øndʒædæn gørmæk] |
| prometer (vt) | vaat etmek | [va:t ætmæk] |
| pronunciar (vt) | telâffuz etmek | [tæʌafuz ætmæk] |

| propor (vt) | önermek | [ønærmæk] |
| punir, castigar (vt) | cezalandırmak | [dʒæzalandırmak] |
| quebrar (vt) | kırmak | [kırmak] |

| queixar-se (vp) | şikayet etmek | [ʃikajæt ætmæk] |
| querer (desejar) | istemek | [istæmæk] |

## 16. Os verbos mais importantes. Parte 4

| recomendar (vt) | tavsiye etmek | [tavsijæ ætmæk] |
| repetir (dizer outra vez) | tekrar etmek | [tækrar ætmæk] |
| repreender (vt) | sövmek | [søvmæk] |
| reservar (~ um quarto) | rezerve etmek | [ræzærvæ ætmæk] |
| responder (vt) | cevap vermek | [dʒævap værmæk] |

| rezar, orar (vi) | dua etmek | [dua ætmæk] |
| rir-se (vi) | gülmek | [gyʎmæk] |
| roubar (vt) | çalmak | [tʃalmak] |
| saber (vt) | bilmek | [biʎmæk] |
| sair (~ de casa) | çıkmak | [tʃıkmak] |
| salvar (vt) | kurtarmak | [kurtarmak] |

| seguir ... | ... takip etmek | [takip ætmæk] |
| sentar-se (vp) | oturmak | [oturmak] |
| ser necessário | gerekmek | [gærækmæk] |
| ser, estar | olmak | [olmak] |

| significar (vt) | anlamına gelmek | [anlamina gæʎmæk] |
| sorrir (vi) | gülümsemek | [gylymsæmæk] |
| subestimar (vt) | değerini bilmemek | [dæːrini bilmæmæk] |
| surpreender-se (vp) | şaşırmak | [ʃaʃırmak] |
| tentar (vt) | denemek | [dænæmæk] |

| ter (vt) | sahip olmak | [sahip olmak] |
| ter fome | yemek istemek | [jæmæk istæmæk] |
| ter medo | korkmak | [korkmak] |

| ter sede | içmek istemek | [itʃmæk istæmæk] |
| tocar (com as mãos) | ellemek | [ællæmæk] |
| tomar o pequeno-almoço | kahvaltı yapmak | [kahvaltı japmak] |
| trabalhar (vi) | çalışmak | [tʃalıʃmak] |
| traduzir (vt) | çevirmek | [tʃævirmæk] |

| unir (vt) | birleştirmek | [birlæʃtirmæk] |
| vender (vt) | satmak | [satmak] |
| ver (vt) | görmek | [gørmæk] |
| virar (ex. ~ à direita) | dönmek | [dønmæk] |
| voar (vi) | uçmak | [utʃmak] |

# TEMPO. CALENDÁRIO

**T&P Books Publishing**

| | | |
|---|---|---|
| segunda-feira (f) | **Pazartesi** | [pazartæsi] |
| terça-feira (f) | **Salı** | [salı] |
| quarta-feira (f) | **Çarşamba** | [ʧarʃamba] |
| quinta-feira (f) | **Perşembe** | [pærʃæmbæ] |
| sexta-feira (f) | **Cuma** | [dʒuma] |
| sábado (m) | **Cumartesi** | [dʒumartæsi] |
| domingo (m) | **Pazar** | [pazar] |
| | | |
| hoje | **bugün** | [bugyn] |
| amanhã | **yarın** | [jarın] |
| depois de amanhã | **öbür gün** | [øbyr gyn] |
| ontem | **dün** | [dyn] |
| anteontem | **evvelki gün** | [ævvælki gyn] |
| | | |
| dia (m) | **gün** | [gyn] |
| dia (m) de trabalho | **iş günü** | [iʃ gyny] |
| feriado (m) | **bayram günü** | [bajram gyny] |
| dia (m) de folga | **tatil günü** | [tatil gyny] |
| fim (m) de semana | **hafta sonu** | [hafta sonu] |
| | | |
| o dia todo | **bütün gün** | [bytyn gyn] |
| no dia seguinte | **ertesi gün** | [ærtæsi gyn] |
| há dois dias | **iki gün önce** | [iki gyn øndʒæ] |
| na véspera | **bir gün önce** | [bir gyn øndʒæ] |
| diário | **günlük** | [gynlyk] |
| todos os dias | **her gün** | [hær gyn] |
| | | |
| semana (f) | **hafta** | [hafta] |
| na semana passada | **geçen hafta** | [gæʧæn hafta] |
| na próxima semana | **gelecek hafta** | [gæʎdʒæk hafta] |
| semanal | **haftalık** | [haftalık] |
| cada semana | **her hafta** | [hær hafta] |
| duas vezes por semana | **haftada iki kez** | [haftada iki kæz] |
| cada terça-feira | **her Salı** | [hær salı] |

| | | |
|---|---|---|
| manhã (f) | **sabah** | [sabah] |
| de manhã | **sabahleyin** | [sabahlæjın] |
| meio-dia (m) | **öğle, gün ortası** | [øjlæ], [gyn ortası] |
| à tarde | **öğleden sonra** | [øjlædæn sonra] |
| noite (f) | **akşam** | [akʃam] |

| à noite (noitinha) | akşamleyin | [akʃamlæjın] |
| noite (f) | gece | [gæʤæ] |
| à noite | geceleyin | [gæʤælæjın] |
| meia-noite (f) | gece yarısı | [gæʤæ jarısı] |

| segundo (m) | saniye | [sanijæ] |
| minuto (m) | dakika | [dakika] |
| hora (f) | saat | [sa:t] |
| meia hora (f) | yarım saat | [jarım sa:t] |
| quarto (m) de hora | çeyrek saat | [tʃæjræk sa:t] |
| quinze minutos | on beş dakika | [on bæʃ dakika] |
| vinte e quatro horas | yirmi dört saat | [jırmi dørt sa:t] |

| nascer (m) do sol | güneşin doğuşu | [gynæʃin douʃu] |
| amanhecer (m) | şafak | [ʃafak] |
| madrugada (f) | sabah erken | [sabah ærkæn] |
| pôr do sol (m) | güneş batışı | [gynæʃ batıʃı] |

| de madrugada | sabahın köründe | [sabahın køryndæ] |
| hoje de manhã | bu sabah | [bu sabah] |
| amanhã de manhã | yarın sabah | [jarın sabah] |

| hoje à tarde | bu ikindi | [bu ikindi] |
| à tarde | öğleden sonra | [øjlædæn sonra] |
| amanhã à tarde | yarın öğleden sonra | [jarın øælædæn sonra] |

| hoje à noite | bu akşam | [bu akʃam] |
| amanhã à noite | yarın akşam | [jarın akʃam] |

| às três horas em ponto | tam saat üçte | [tam sa:t jutʃtæ] |
| por volta das quatro | saat dört civarında | [sa:t dørt ʤivarında] |
| às doze | saat on ikiye doğru | [sa:t on ikijæ do:ru] |

| dentro de vinte minutos | yirmi dakika içinde | [jırmi dakika itʃindæ] |
| dentro duma hora | bir saat sonra | [bir sa:t sonra] |
| a tempo | zamanında | [zamanında] |

| menos um quarto | çeyrek kala | [tʃæjræk kala] |
| durante uma hora | bir saat içinde | [bir sa:t itʃindæ] |
| a cada quinze minutos | her on beş dakika | [hær on bæʃ dakika] |
| as vinte e quatro horas | gece gündüz | [gæʤæ gyndyz] |

## 19. Meses. Estações

| janeiro (m) | ocak | [oʤak] |
| fevereiro (m) | şubat | [ʃubat] |
| março (m) | mart | [mart] |
| abril (m) | nisan | [nisan] |
| maio (m) | mayıs | [majıs] |
| junho (m) | haziran | [haziran] |

| julho (m) | temmuz | [tæmmuz] |
| agosto (m) | ağustos | [a:ustos] |
| setembro (m) | eylül | [æjlyʎ] |
| outubro (m) | ekim | [ækim] |
| novembro (m) | kasım | [kasım] |
| dezembro (m) | aralık | [aralık] |

| primavera (f) | ilkbahar | [iʎkbahar] |
| na primavera | ilkbaharda | [iʎkbaharda] |
| primaveril | ilkbahar | [iʎkbahar] |

| verão (m) | yaz | [jaz] |
| no verão | yazın | [jazın] |
| de verão | yaz | [jaz] |

| outono (m) | sonbahar | [sonbahar] |
| no outono | sonbaharda | [sonbaharda] |
| outonal | sonbahar | [sonbahar] |

| inverno (m) | kış | [kıʃ] |
| no inverno | kışın | [kıʃin] |
| de inverno | kış, kışlık | [kıʃ], [kıʃlık] |

| mês (m) | ay | [aj] |
| este mês | bu ay | [bu aj] |
| no próximo mês | gelecek ay | [gælæʤæk aj] |
| no mês passado | geçen ay | [gætʃæn aj] |

| há um mês | bir ay önce | [bir aj øndʒæ] |
| dentro de um mês | bir ay sonra | [bir aj sonra] |
| dentro de dois meses | iki ay sonra | [iki aj sonra] |
| todo o mês | tüm ay | [tym aj] |
| um mês inteiro | bütün ay | [bytyn aj] |

| mensal | aylık | [ajlık] |
| mensalmente | her ay | [hær aj] |
| cada mês | her ay | [hær aj] |
| duas vezes por mês | ayda iki kez | [ajda iki kæz] |

| ano (m) | yıl, sene | [jıl], [sænæ] |
| este ano | bu sene, bu yıl | [bu sænæ], [bu jıl] |
| no próximo ano | gelecek sene | [gælæʤæk sænæ] |
| no ano passado | geçen sene | [gætʃæn sænæ] |

| há um ano | bir yıl önce | [bir jıl øndʒæ] |
| dentro dum ano | bir yıl sonra | [bir jıl sonra] |
| dentro de 2 anos | iki yıl sonra | [iki jıl sonra] |
| todo o ano | tüm yıl | [tym jıl] |
| um ano inteiro | bütün yıl | [bytyn jıl] |

| cada ano | her sene | [hær sænæ] |
| anual | yıllık | [jıllık] |

| anualmente | **her yıl** | [hær jıl] |
| quatro vezes por ano | **yılda dört kere** | [jılda dørt kæræ] |

| data (~ de hoje) | **tarih** | [tarih] |
| data (ex. ~ de nascimento) | **tarih** | [tarih] |
| calendário (m) | **takvim** | [takvim] |

| meio ano | **yarım yıl** | [jarım jıl] |
| seis meses | **altı ay** | [altı aj] |
| estação (f) | **mevsim** | [mævsim] |
| século (m) | **yüzyıl** | [juz jıl] |

BOOKS

# VIAGENS. HOTEL

USD CAD
EUR CHF
JPY HKD
GBP CNY

RECEPTION

**T&P Books Publishing**

| | | |
|---|---|---|
| turismo (m) | **turizm** | [turizm] |
| turista (m) | **turist** | [turist] |
| viagem (f) | **seyahat** | [sæjahat] |
| aventura (f) | **macera** | [madʒæra] |
| viagem (f) | **gezi** | [gæzi] |
| | | |
| férias (f pl) | **izin** | [izin] |
| estar de férias | **izinli olmak** | [izinli olmak] |
| descanso (m) | **istirahat** | [istirahat] |
| | | |
| comboio (m) | **tren** | [træn] |
| de comboio (chegar ~) | **trenle** | [trænlæ] |
| avião (m) | **uçak** | [utʃak] |
| de avião | **uçakla** | [utʃakla] |
| de carro | **arabayla** | [arabajla] |
| de navio | **gemide** | [gæmidæ] |
| | | |
| bagagem (f) | **bagaj** | [bagaʒ] |
| mala (f) | **bavul** | [bavul] |
| carrinho (m) | **bagaj arabası** | [bagaʒ arabası] |
| passaporte (m) | **pasaport** | [pasaport] |
| visto (m) | **vize** | [vizæ] |
| bilhete (m) | **bilet** | [bilæt] |
| bilhete (m) de avião | **uçak bileti** | [utʃak bilæti] |
| | | |
| guia (m) de viagem | **rehber** | [ræhbær] |
| mapa (m) | **harita** | [harita] |
| local (m), area (f) | **alan** | [alan] |
| lugar, sítio (m) | **yer** | [jær] |
| | | |
| exotismo (m) | **egzotik** | [ækzotik] |
| exótico | **egzotik** | [ækzotik] |
| surpreendente | **şaşırtıcı** | [ʃaʃırtıdʒı] |
| | | |
| grupo (m) | **grup** | [grup] |
| excursão (f) | **gezi** | [gæzi] |
| guia (m) | **rehber** | [ræhbær] |

## 21. Hotel

| | | |
|---|---|---|
| hotel (m) | **otel** | [otæʎ] |
| motel (m) | **motel** | [motæʎ] |

| | | |
|---|---|---|
| três estrelas | üç yıldızlı | [jutʃ jıldızlı] |
| cinco estrelas | beş yıldızlı | [bæʃ jıldızlı] |
| ficar (~ num hotel) | kalmak | [kalmak] |

| | | |
|---|---|---|
| quarto (m) | oda | [oda] |
| quarto (m) individual | tek kişilik oda | [tæk kiʃilik oda] |
| quarto (m) duplo | iki kişilik oda | [iki kiʃilik oda] |
| reservar um quarto | oda ayırtmak | [oda aırtmak] |

| | | |
|---|---|---|
| meia pensão (f) | yarım pansiyon | [jarım pansion] |
| pensão (f) completa | tam pansiyon | [tam pansion] |

| | | |
|---|---|---|
| com banheira | banyolu | [baɲolu] |
| com duche | duşlu | [duʃlu] |
| televisão (m) satélite | uydu televizyonu | [ujdu tælæviziʲonu] |
| ar (m) condicionado | klima | [klima] |
| toalha (f) | havlu | [havlu] |
| chave (f) | anahtar | [anahtar] |

| | | |
|---|---|---|
| administrador (m) | idareci | [idarædʒi] |
| camareira (f) | hizmetçi | [hizmætʃi] |
| bagageiro (m) | hamal | [hamal] |
| porteiro (m) | kapıcı | [kapıdʒı] |

| | | |
|---|---|---|
| restaurante (m) | restoran | [ræstoran] |
| bar (m) | bar | [bar] |
| pequeno-almoço (m) | kahvaltı | [kahvaltı] |
| jantar (m) | akşam yemeği | [akʃam jæmæi] |
| buffet (m) | açık büfe | [atʃık byfæ] |

| | | |
|---|---|---|
| hall (m) de entrada | lobi | [lobi] |
| elevador (m) | asansör | [asansør] |

| | | |
|---|---|---|
| NÃO PERTURBE | **RAHATSIZ ETMEYIN** | [rahatsız ætmæjın] |
| PROIBIDO FUMAR! | **SİGARA İÇİLMEZ** | [sigara itʃiʎmæz] |

## 22. Turismo

| | | |
|---|---|---|
| monumento (m) | anıt | [anıt] |
| fortaleza (f) | kale | [kalæ] |
| palácio (m) | saray | [saraj] |
| castelo (m) | şato | [ʃato] |
| torre (f) | kule | [kulæ] |
| mausoléu (m) | anıtkabir | [anıtkabir] |

| | | |
|---|---|---|
| arquitetura (f) | mimarlık | [mimarlik] |
| medieval | ortaçağ | [ortatʃa:] |
| antigo | antik, eski | [antik], [æski] |
| nacional | milli | [milli] |
| conhecido | meşhur | [mæʃhur] |

| turista (m) | turist | [turist] |
| guia (pessoa) | rehber | [ræhbær] |
| excursão (f) | gezi | [gæzi] |
| mostrar (vt) | göstermek | [gøstærmæk] |
| contar (vt) | anlatmak | [anlatmak] |

| encontrar (vt) | bulmak | [bulmak] |
| perder-se (vp) | kaybolmak | [kajbolmak] |
| mapa (~ do metrô) | şema | [ʃæma] |
| mapa (~ da cidade) | plan | [pʌan] |

| lembrança (f), presente (m) | hediye | [hædijæ] |
| loja (f) de presentes | hediyelik eşya mağazası | [hædijælik æʃja ma:zası] |
| fotografar (vt) | fotoğraf çekmek | [fotoraf tʃækmæk] |
| fotografar-se | fotoğraf çektirmek | [fotoraf tʃæktirmæk] |

T&P BOOKS

# TRANSPORTES

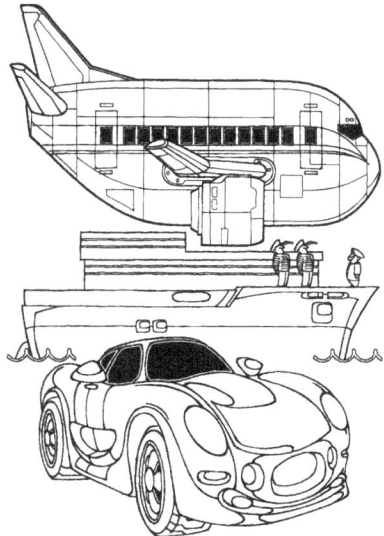

T&P Books Publishing

| | | |
|---|---|---|
| aeroporto (m) | **havaalanı** | [hava:lanı] |
| avião (m) | **uçak** | [utʃak] |
| companhia (f) aérea | **hava yolları şirketi** | [hava jolları ʃirkæti] |
| controlador (m) de tráfego aéreo | **hava trafik kontrolörü** | [hava trafik kontroløry] |
| | | |
| partida (f) | **kalkış** | [kalkıʃ] |
| chegada (f) | **varış** | [varıʃ] |
| chegar (~ de avião) | **varmak** | [varmak] |
| | | |
| hora (f) de partida | **kalkış saati** | [kalkıʃ sa:ti] |
| hora (f) de chegada | **iniş saati** | [iniʃ sa:ti] |
| | | |
| estar atrasado | **gecikmek** | [gædʒikmæk] |
| atraso (m) de voo | **gecikme** | [gædʒikmæ] |
| | | |
| painel (m) de informação | **bilgi panosu** | [biʎgi panosu] |
| informação (f) | **danışma** | [danıʃma] |
| anunciar (vt) | **anons etmek** | [anons ætmæk] |
| voo (m) | **uçuş, sefer** | [utʃuʃ], [sæfær] |
| | | |
| alfândega (f) | **gümrük** | [gymryk] |
| funcionário (m) da alfândega | **gümrükçü** | [gymryktʃu] |
| | | |
| declaração (f) alfandegária | **gümrük beyannamesi** | [gymryk bæjaŋamæsi] |
| preencher a declaração | **beyanname doldurmak** | [bæjaŋamæ doldurmak] |
| controlo (m) de passaportes | **pasaport kontrol** | [pasaport kontroʎ] |
| | | |
| bagagem (f) | **bagaj** | [bagaʒ] |
| bagagem (f) de mão | **el bagajı** | [æʎ bagaʒı] |
| Perdidos e Achados | **kayıp eşya bürosu** | [kajıp æʃja byrosu] |
| carrinho (m) | **bagaj arabası** | [bagaʒ arabası] |
| | | |
| aterragem (f) | **iniş** | [iniʃ] |
| pista (f) de aterragem | **iniş pisti** | [iniʃ pisti] |
| aterrar (vi) | **inmek** | [inmæk] |
| escada (f) de avião | **uçak merdiveni** | [utʃak mærdivæni] |
| | | |
| check-in (m) | **check-in** | [tʃækin] |
| balcão (m) do check-in | **kontuar check-in** | [kontuar tʃækin] |
| fazer o check-in | **check-in yapmak** | [tʃækin japmak] |
| cartão (m) de embarque | **biniş kartı** | [biniʃ kartı] |

| porta (f) de embarque | çıkış kapısı | [tʃɪkɪʃ kapısı] |
| trânsito (m) | transit | [transit] |
| esperar (vi, vt) | beklemek | [bæklæmæk] |
| sala (f) de espera | bekleme salonu | [bæklæmæ salonu] |
| despedir-se de ... | yolcu etmek | [joldʒu ætmæk] |
| dizer adeus | vedalaşmak | [vædalaʃmak] |

## 24. Avião

| avião (m) | uçak | [utʃak] |
| bilhete (m) de avião | uçak bileti | [utʃak bilæti] |
| companhia (f) aérea | hava yolları şirketi | [hava jolları ʃirkæti] |
| aeroporto (m) | havaalanı | [hava:lanı] |
| supersónico | sesüstü | [sæsysty] |

| comandante (m) do avião | kaptan pilot | [kaptan pilot] |
| tripulação (f) | ekip | [ækip] |
| piloto (m) | pilot | [pilot] |
| hospedeira (f) de bordo | hostes | [hostæs] |
| copiloto (m) | seyrüseferci | [sæjrysæfærdʒi] |

| asas (f pl) | kanatlar | [kanatlar] |
| cauda (f) | kuyruk | [kujruk] |
| cabine (f) de pilotagem | kabin | [kabin] |
| motor (m) | motor | [motor] |
| trem (m) de aterragem | iniş takımı | [iniʃ takımı] |
| turbina (f) | türbin | [tyrbin] |

| hélice (f) | pervane | [pærvanæ] |
| caixa (f) negra | kara kutu | [kara kutu] |
| coluna (f) de controle | kumanda kolu | [kumanda kolu] |
| combustível (m) | yakıt | [jakıt] |

| instruções (f pl) de segurança | güvenlik kartı | [gyvænlik kartı] |
| máscara (f) de oxigénio | oksijen maskesi | [oksiʒæn maskæsi] |
| uniforme (m) | üniforma | [juniforma] |
| colete (m) salva-vidas | can yeleği | [dʒan jælæi] |
| paraquedas (m) | paraşüt | [paraʃyt] |

| descolagem (f) | kalkış | [kalkıʃ] |
| descolar (vi) | kalkmak | [kalkmak] |
| pista (f) de descolagem | kalkış pisti | [kalkıʃ pisti] |

| visibilidade (f) | görüş | [gøryʃ] |
| voo (m) | uçuş | [utʃuʃ] |
| altura (f) | yükseklik | [juksæklik] |
| poço (m) de ar | hava boşluğu | [hava boʃlu:] |
| assento (m) | yer | [jær] |
| auscultadores (m pl) | kulaklık | [kulaklık] |

107

| mesa (f) rebatível | katlanır tepsi | [katlanır tæpsi] |
| vigia (f) | pencere | [pændʒæræ] |
| passagem (f) | koridor | [koridor] |

## 25. Comboio

| comboio (m) | tren | [træn] |
| comboio (m) suburbano | elektrikli tren | [ælæktrikli træn] |
| comboio (m) rápido | hızlı tren | [hızlı træn] |
| locomotiva (f) diesel | dizel lokomotifi | [dizæʎ lokomotifi] |
| comboio (m) a vapor | lokomotif | [lokomotif] |
| carruagem (f) | vagon | [vagon] |
| carruagem restaurante (f) | vagon restoran | [vagon ræstoran] |
| trilhos (m pl) | ray | [raj] |
| caminho de ferro (m) | demir yolu | [dæmir jolu] |
| travessa (f) | travers | [traværs] |
| plataforma (f) | peron | [pæron] |
| linha (f) | yol | [jol] |
| semáforo (m) | semafor | [sæmafor] |
| estação (f) | istasyon | [istasʲon] |
| maquinista (m) | makinist | [makinist] |
| bagageiro (m) | hamal | [hamal] |
| condutor (m) | kondüktör | [kondyktør] |
| passageiro (m) | yolcu | [joldʒu] |
| revisor (m) | kondüktör | [kondyktør] |
| corredor (m) | koridor | [koridor] |
| freio (m) de emergência | imdat freni | [imdat fræni] |
| compartimento (m) | kompartıman | [kompartıman] |
| cama (f) | yatak | [jatak] |
| cama (f) de cima | üst yatak | [just jatak] |
| cama (f) de baixo | alt yatak | [alt jatak] |
| roupa (f) de cama | yatak takımı | [jatak takımı] |
| bilhete (m) | bilet | [bilæt] |
| horário (m) | tarife | [tarifæ] |
| painel (m) de informação | sefer tarifesi | [sæfær tarifæsi] |
| partir (vt) | kalkmak | [kalkmak] |
| partida (f) | kalkış | [kalkıʃ] |
| chegar (vi) | varmak | [varmak] |
| chegada (f) | varış | [varıʃ] |
| chegar de comboio | trenle gelmek | [trænlæ gæʎmæk] |
| apanhar o comboio | trene binmek | [trænæ binmæk] |

| sair do comboio | trenden inmek | [trændæn inmæk] |
| comboio (m) a vapor | lokomotif | [lokomotif] |
| fogueiro (m) | ocakçı | [odʒaktʃı] |
| fornalha (f) | ocak | [odʒak] |
| carvão (m) | kömür | [kømyr] |

## 26. Barco

| navio (m) | gemi | [gæmi] |
| embarcação (f) | tekne | [tæknæ] |
| vapor (m) | vapur | [vapur] |
| navio (m) | dizel motorlu gemi | [dizæʎ motorlu gæmi] |
| transatlântico (m) | büyük gemi | [byjuk gæmi] |
| cruzador (m) | kruvazör | [kruvazør] |
| iate (m) | yat | [jat] |
| rebocador (m) | römorkör | [rømorkør] |
| barcaça (f) | yük dubası | [juk dubası] |
| ferry (m) | feribot | [færibot] |
| veleiro (m) | yelkenli gemi | [jælkænli gæmi] |
| bergantim (m) | gulet | [gulæt] |
| quebra-gelo (m) | buzkıran | [buzkıran] |
| submarino (m) | denizaltı | [dænizaltı] |
| bote, barco (m) | kayık | [kajık] |
| bote, dingue (m) | filika | [filika] |
| bote (m) salva-vidas | cankurtaran filikası | [dʒaŋkurtaran filikası] |
| lancha (f) | sürat teknesi | [syrat tæknæsi] |
| capitão (m) | kaptan | [kaptan] |
| marinheiro (m) | tayfa | [tajfa] |
| marujo (m) | denizci | [dænizdʒi] |
| tripulação (f) | mürettebat | [myrættæbat] |
| contramestre (m) | lostromo | [lostromo] |
| grumete (m) | miço | [mitʃo] |
| cozinheiro (m) de bordo | gemi aşçısı | [gæmi aʃtʃısı] |
| médico (m) de bordo | gemi doktoru | [gæmi doktoru] |
| convés (m) | güverte | [gyværtæ] |
| mastro (m) | direk | [diræk] |
| vela (f) | yelken | [jæʎkæn] |
| porão (m) | ambar | [ambar] |
| proa (f) | geminin baş tarafı | [gæminin baʃ tarafı] |
| popa (f) | kıç | [kıtʃ] |
| remo (m) | kürek | [kyræk] |

| hélice (f) | pervane | [pærvanæ] |
| camarote (m) | kamara | [kamara] |
| sala (f) dos oficiais | subay yemek salonu | [subaj jæmæk salonu] |
| sala (f) das máquinas | makine dairesi | [makinæ dairæsi] |
| ponte (m) de comando | kaptan köprüsü | [kaptan køprysy] |
| sala (f) de comunicações | telsiz odası | [tælsiz odası] |
| onda (f) de rádio | dalga | [dalga] |
| diário (m) de bordo | gemi jurnali | [gæmi ʒurnalı] |

| luneta (f) | tek dürbün | [tæk dyrbyn] |
| sino (m) | çan | [tʃan] |
| bandeira (f) | bayrak | [bajrak] |

| cabo (m) | halat | [halat] |
| nó (m) | düğüm | [dyjum] |

| corrimão (m) | vardavela | [vardavæla] |
| prancha (f) de embarque | iskele | [iskælæ] |

| âncora (f) | çapa, demir | [tʃapa], [dæmir] |
| recolher a âncora | demir almak | [dæmir almak] |
| lançar a âncora | demir atmak | [dæmir atmak] |
| amarra (f) | çapa zinciri | [tʃapa zindʒiri] |

| porto (m) | liman | [liman] |
| cais, amarradouro (m) | iskele, rıhtım | [iskælæ], [rihtim] |
| atracar (vi) | yanaşmak | [janaʃmak] |
| desatracar (vi) | iskeleden ayrılmak | [iskælædæn ajrılmak] |

| viagem (f) | seyahat | [sæjahat] |
| cruzeiro (m) | gemi turu | [gæmi turu] |
| rumo (m), rota (f) | seyir | [sæjır] |
| itinerário (m) | rota | [rota] |

| canal (m) navegável | seyir koridoru | [sæjır koridoru] |
| baixio (m) | sığlık | [sıːlık] |
| encalhar (vt) | karaya oturmak | [karaja oturmak] |

| tempestade (f) | fırtına | [fırtına] |
| sinal (m) | sinyal | [siɲjaʎ] |
| afundar-se (vp) | batmak | [batmak] |
| SOS | SOS | [æs o æs] |
| boia (f) salva-vidas | can simidi | [dʒan simidi] |

BOOKS

# CIDADE

**T&P Books Publishing**

| | | |
|---|---|---|
| autocarro (m) | **otobüs** | [otobys] |
| elétrico (m) | **tramvay** | [tramvaj] |
| troleicarro (m) | **troleybüs** | [trolæjbys] |
| itinerário (m) | **rota** | [rota] |
| número (m) | **numara** | [numara] |
| | | |
| ir de ... (carro, etc.) | **... gitmek** | [gitmæk] |
| entrar (~ no autocarro) | **... binmek** | [binmæk] |
| descer de ... | **... inmek** | [inmæk] |
| | | |
| paragem (f) | **durak** | [durak] |
| próxima paragem (f) | **sonraki durak** | [sonraki durak] |
| ponto (m) final | **son durak** | [son durak] |
| horário (m) | **tarife** | [tarifæ] |
| esperar (vt) | **beklemek** | [bæklæmæk] |
| | | |
| bilhete (m) | **bilet** | [bilæt] |
| custo (m) do bilhete | **bilet fiyatı** | [bilæt fijatı] |
| | | |
| bilheteiro (m) | **kasiyer** | [kasijær] |
| controlo (m) dos bilhetes | **bilet kontrolü** | [bilæt kontroly] |
| revisor (m) | **kondüktör** | [kondyktør] |
| | | |
| atrasar-se (vp) | **gecikmek** | [gædʒikmæk] |
| perder (o autocarro, etc.) | **... kaçırmak** | [katʃirmak] |
| estar com pressa | **acele etmek** | [adʒælæ ætmæk] |
| | | |
| táxi (m) | **taksi** | [taksi] |
| taxista (m) | **taksici** | [taksidʒi] |
| de táxi (ir ~) | **taksiyle** | [taksi:læ] |
| praça (f) de táxis | **taksi durağı** | [taksi duraı] |
| chamar um táxi | **taksi çağırmak** | [taksi tʃaırmak] |
| apanhar um táxi | **taksi tutmak** | [taksi tutmak] |
| | | |
| tráfego (m) | **trafik** | [trafik] |
| engarrafamento (m) | **trafik sıkışıklığı** | [trafik sıkıʃıklı:] |
| horas (f pl) de ponta | **bitirim ikili** | [bitirim ikili] |
| estacionar (vi) | **park etmek** | [park ætmæk] |
| estacionar (vt) | **park etmek** | [park ætmæk] |
| parque (m) de estacionamento | **park yeri** | [park jæri] |
| | | |
| metro (m) | **metro** | [mætro] |
| estação (f) | **istasyon** | [istasʲon] |

| ir de metro | metroya binmek | [mætroja binmæk] |
| comboio (m) | tren | [træn] |
| estação (f) | istasyon | [istasʲon] |

## 28. Cidade. Vida na cidade

| cidade (f) | kent, şehir | [kænt], [ʃæhir] |
| capital (f) | başkent | [baʃkænt] |
| aldeia (f) | köy | [køj] |

| mapa (m) da cidade | şehir planı | [ʃæhir planı] |
| centro (m) da cidade | şehir merkezi | [ʃæhir mærkæzi] |
| subúrbio (m) | varoş | [varoʃ] |
| suburbano | banliyö | [banʎjo] |

| periferia (f) | şehir kenarı | [ʃæhir kænarı] |
| arredores (m pl) | çevre | [tʃævræ] |
| quarteirão (m) | mahalle | [mahalæ] |
| quarteirão (m) residencial | yerleşim bölgesi | [jærlæʃim bøʎgæsi] |

| tráfego (m) | trafik | [trafik] |
| semáforo (m) | trafik ışıkları | [trafik iʃıkları] |
| transporte (m) público | toplu taşıma | [toplu taʃima] |
| cruzamento (m) | kavşak | [kavʃak] |

| passadeira (f) para peões | yaya geçidi | [jaja gætʃidi] |
| passagem (f) subterrânea | yeraltı geçidi | [jæraltı gætʃidi] |
| cruzar, atravessar (vt) | geçmek | [gætʃmæk] |
| peão (m) | yaya | [jaja] |
| passeio (m) | yaya kaldırımı | [jaja kaldırımı] |

| ponte (f) | köprü | [køpry] |
| marginal (f) | rıhtım | [rıhtım] |

| alameda (f) | park yolu | [park jolu] |
| parque (m) | park | [park] |
| bulevar (m) | bulvar | [buʎvar] |
| praça (f) | meydan | [mæjdan] |
| avenida (f) | geniş cadde | [gæniʃ dʒaddæ] |
| rua (f) | sokak, cadde | [sokak], [dʒaddæ] |
| travessa (f) | ara sokak | [ara sokak] |
| beco (m) sem saída | çıkmaz sokak | [tʃıkmaz sokak] |

| casa (f) | ev | [æv] |
| edifício, prédio (m) | bina | [bina] |
| arranha-céus (m) | gökdelen | [gøkdælæn] |

| fachada (f) | cephe | [dʒæphæ] |
| telhado (m) | çatı | [tʃatı] |
| janela (f) | pencere | [pændʒæræ] |

| | | |
|---|---|---|
| arco (m) | **kemer** | [kæmær] |
| coluna (f) | **sütün** | [sytyn] |
| esquina (f) | **köşe** | [køʃæ] |
| | | |
| montra (f) | **vitrin** | [vitrin] |
| letreiro (m) | **levha** | [lævha] |
| cartaz (m) | **afiş** | [afiʃ] |
| cartaz (m) publicitário | **reklam panosu** | [ræklam panosu] |
| painel (m) publicitário | **reklam panosu** | [ræklam panosu] |
| | | |
| lixo (m) | **çöp** | [ʧop] |
| cesta (f) do lixo | **çöp tenekesi** | [ʧop tænækæsi] |
| jogar lixo na rua | **çöp atmak** | [ʧop atmak] |
| aterro (m) sanitário | **çöplük** | [ʧoplyk] |
| | | |
| cabine (f) telefónica | **telefon kulübesi** | [tælæfon kylybæsi] |
| candeeiro (m) de rua | **fener direği** | [fænær diræi] |
| banco (m) | **bank** | [baŋk] |
| | | |
| polícia (m) | **erkek polis** | [ærkæk polis] |
| polícia (instituição) | **polis** | [polis] |
| mendigo (m) | **dilenci** | [dilænʤi] |
| sem-abrigo (m) | **evsiz** | [ævsiz] |

## 29. Instituições urbanas

| | | |
|---|---|---|
| loja (f) | **mağaza** | [maːza] |
| farmácia (f) | **eczane** | [æʤzanæ] |
| ótica (f) | **optik** | [optik] |
| centro (m) comercial | **alışveriş merkezi** | [alıʃværiʃ mærkæzi] |
| supermercado (m) | **süpermarket** | [sypærmarkæt] |
| | | |
| padaria (f) | **ekmekçi dükkânı** | [ækmækʧi dykkanı] |
| padeiro (m) | **fırıncı** | [fırınʤı] |
| pastelaria (f) | **pastane** | [pastanæ] |
| mercearia (f) | **bakkaliye** | [bakkalijæ] |
| talho (m) | **kasap dükkanı** | [kasap dykkanı] |
| | | |
| loja (f) de legumes | **manav** | [manav] |
| mercado (m) | **çarşı** | [ʧarʃı] |
| | | |
| café (m) | **kahvehane** | [kahvæhanæ] |
| restaurante (m) | **restoran** | [ræstoran] |
| cervejaria (f) | **birahane** | [birahanæ] |
| pizzaria (f) | **pizzacı** | [pizaʤı] |
| | | |
| salão (m) de cabeleireiro | **kuaför salonu** | [kuafør salonu] |
| correios (m pl) | **postane** | [postanæ] |
| lavandaria (f) | **kuru temizleme** | [kuru tæmizlæmæ] |
| estúdio (m) fotográfico | **fotoğraf stüdyosu** | [fotoraf stydʲosu] |

| sapataria (f) | ayakkabı mağazası | [ajakkabı ma:zası] |
| livraria (f) | kitabevi | [kitabævi] |
| loja (f) de artigos de desporto | spor mağazası | [spor ma:zası] |

| reparação (f) de roupa | elbise tamiri | [æʎbisæ tamiri] |
| aluguer (m) de roupa | giysi kiralama | [gijsı kiralama] |
| aluguer (m) de filmes | film kiralama | [film kiralama] |

| circo (m) | sirk | [sirk] |
| jardim (m) zoológico | hayvanat bahçesi | [hajvanat bahtʃæsi] |
| cinema (m) | sinema | [sinæma] |
| museu (m) | müze | [myzæ] |
| biblioteca (f) | kütüphane | [kytyphanæ] |
| teatro (m) | tiyatro | [tijatro] |
| ópera (f) | opera | [opæra] |
| clube (m) noturno | gece kulübü | [gædʒæ kulyby] |
| casino (m) | kazino | [kazino] |

| mesquita (f) | cami | [dʒami] |
| sinagoga (f) | sinagog | [sinagog] |
| catedral (f) | katedral | [katædral] |
| templo (m) | ibadethane | [ibadæthanæ] |
| igreja (f) | kilise | [kilisæ] |

| instituto (m) | enstitü | [ænstity] |
| universidade (f) | üniversite | [juniværsitæ] |
| escola (f) | okul | [okul] |

| prefeitura (f) | belediye | [bælædijæ] |
| câmara (f) municipal | belediye | [bælædijæ] |
| hotel (m) | otel | [otæʎ] |
| banco (m) | banka | [baŋka] |

| embaixada (f) | elçilik | [æʎtʃilik] |
| agência (f) de viagens | seyahat acentesi | [sæjahat adʒæntæsi] |
| agência (f) de informações | danışma bürosu | [danıʃma byrosu] |
| casa (f) de câmbio | döviz bürosu | [døviz byrosu] |

| metro (m) | metro | [mætro] |
| hospital (m) | hastane | [hastanæ] |

| posto (m) de gasolina | benzin istasyonu | [bænzin istas'onu] |
| parque (m) de estacionamento | park yeri | [park jæri] |

## 30. Sinais

| letreiro (m) | levha | [lævha] |
| inscrição (f) | yazı | [jazı] |

| cartaz, póster (m) | poster, afiş | [postær], [afiʃ] |
| sinal (m) informativo | işaret | [iʃaræt] |
| seta (f) | ok | [ok] |

| aviso (advertência) | ikaz, uyarı | [ikaz], [ujarı] |
| sinal (m) de aviso | uyarı | [ujarı] |
| avisar, advertir (vt) | uyarmak | [ujarmak] |

| dia (m) de folga | tatil günü | [tatil gyny] |
| horário (m) | tarife | [tarifæ] |
| horário (m) de funcionamento | çalışma saatleri | [ʧalıʃma sa:tlæri] |

| BEM-VINDOS! | HOŞ GELDİNİZ | [hoʃ gældiniz] |
| ENTRADA | GİRİŞ | [giriʃ] |
| SAÍDA | ÇIKIŞ | [ʧıkıʃ] |

| EMPURRE | İTİNİZ | [itiniz] |
| PUXE | ÇEKİNİZ | [ʧækiniz] |
| ABERTO | AÇIK | [aʧık] |
| FECHADO | KAPALI | [kapalı] |

| MULHER | BAYAN | [bajan] |
| HOMEM | BAY | [baj] |

| DESCONTOS | İNDİRİM | [indirim] |
| SALDOS | UCUZLUK | [udʒuzluk] |
| NOVIDADE! | YENİ | [jæni] |
| GRÁTIS | BEDAVA | [bædava] |

| ATENÇÃO! | DİKKAT! | [dikkat] |
| NÃO HÁ VAGAS | BOS YER YOK | [bos jær jok] |
| RESERVADO | REZERVE | [ræzærvæ] |

| ADMINISTRAÇÃO | MÜDÜR | [mydyr] |
| SOMENTE PESSOAL AUTORIZADO | PERSONEL HARİCİ GİREMEZ | [pærsonæl haridʒi giræmæz] |

| CUIDADO CÃO FEROZ | DİKKAT KÖPEK VAR | [dikkat køpæk var] |
| PROIBIDO FUMAR! | SİGARA İÇİLMEZ | [sigara iʧiʌmæz] |
| NÃO TOCAR | DOKUNMAK YASAKTIR | [dokunmak jasaktır] |

| PERIGOSO | TEHLİKELİ | [tæhlikæli] |
| PERIGO | TEHLİKE | [tæhlikæ] |

| ALTA TENSÃO | YÜKSEK GERİLİM | [juksæk gærilim] |
| PROIBIDO NADAR | SUYA GİRMEK YASAKTIR | [suja girmæk jasaktır] |
| AVARIADO | HİZMET DIŞI | [hizmæt diʃı] |

| INFLAMÁVEL | YANICI MADDE | [janidʒi maddæ] |
| PROIBIDO | YASAKTIR | [jasaktır] |

| ENTRADA PROIBIDA | GİRMEK YASAKTIR | [girmæk jasaktır] |
| CUIDADO TINTA FRESCA | DİKKAT ISLAK BOYA | [dikkat ıslak boja] |

## 31. Compras

| comprar (vt) | satın almak | [satın almak] |
| compra (f) | satın alınan şey | [satın alınan ʃæj] |
| fazer compras | alışverişe gitmek | [alıʃværiʃæ gitmæk] |
| compras (f pl) | alışveriş | [alıʃværiʃ] |
| estar aberta (loja, etc.) | çalışmak | [tʃalıʃmak] |
| estar fechada | kapanmak | [kapanmak] |
| calçado (m) | ayakkabı | [ajakkabı] |
| roupa (f) | elbise | [æʎbisæ] |
| cosméticos (m pl) | kozmetik | [kozmætik] |
| alimentos (m pl) | gıda ürünleri | [gıda jurynlæri] |
| presente (m) | hediye | [hædijæ] |
| vendedor (m) | satıcı | [satıdʒı] |
| vendedora (f) | satıcı kadın | [satıdʒı kadın] |
| caixa (f) | kasa | [kasa] |
| espelho (m) | ayna | [ajna] |
| balcão (m) | tezgâh | [tæzgʲah] |
| cabine (f) de provas | deneme kabini | [dænæmæ kabini] |
| provar (vt) | prova yapmak | [prova japmak] |
| servir (vi) | uymak | [ujmak] |
| gostar (apreciar) | hoşlanmak | [hoʃlanmak] |
| preço (m) | fiyat | [fijat] |
| etiqueta (f) de preço | fiyat etiketi | [fijat ætikætlæri] |
| custar (vt) | değerinde olmak | [dæ:rindæ olmak] |
| Quanto? | Kaç? | [katʃ] |
| desconto (m) | indirim | [indirim] |
| não caro | masrafsız | [masrafsıs] |
| barato | ucuz | [udʒuz] |
| caro | pahalı | [pahalı] |
| É caro | bu pahalıdır | [bu pahalıdır] |
| aluguer (m) | kira | [kira] |
| alugar (vestidos, etc.) | kiralamak | [kiralamak] |
| crédito (m) | kredi | [krædi] |
| a crédito | krediyle | [krædijlæ] |

# VESTUÁRIO & ACESSÓRIOS

**T&P Books Publishing**

## 32. Roupa exterior. Casacos

| | | |
|---|---|---|
| roupa (f) | elbise, kıyafet | [æ˄bisæ], [kıjafæt] |
| roupa (f) exterior | üst kıyafet | [just kıjafæt] |
| roupa (f) de inverno | kışlık kıyafet | [kıʃlık kıjafæt] |
| | | |
| sobretudo (m) | palto | [pa˄to] |
| casaco (m) de peles | kürk manto | [kyrk manto] |
| casaco curto (m) de peles | kürk ceket | [kyrk dʒækæt] |
| casaco (m) acolchoado | ceket aşağı | [dʒækæt aʃaı] |
| | | |
| casaco, blusão (m) | ceket | [dʒækæt] |
| impermeável (m) | trençkot | [træntʃkot] |
| impermeável | su geçirmez | [su gætʃirmæz] |

## 33. Vestuário de homem & mulher

| | | |
|---|---|---|
| camisa (f) | gömlek | [gømlæk] |
| calças (f pl) | pantolon | [pantolon] |
| calças (f pl) de ganga | kot pantolon | [kot pantolon] |
| casaco (m) de fato | ceket | [dʒækæt] |
| fato (m) | takım elbise | [takım æ˄bisæ] |
| | | |
| vestido (ex. ~ vermelho) | elbise, kıyafet | [æ˄bisæ], [kıjafæt] |
| saia (f) | etek | [ætæk] |
| blusa (f) | gömlek, bluz | [gømlæk], [bluz] |
| casaco (m) de malha | hırka | [hırka] |
| casaco, blazer (m) | ceket | [dʒækæt] |
| | | |
| T-shirt, camiseta (f) | tişört | [tiʃort] |
| calções (Bermudas, etc.) | şort | [ʃort] |
| fato (m) de treino | eşofman | [æʃofman] |
| roupão (m) de banho | bornoz | [bornoz] |
| pijama (m) | pijama | [piʒama] |
| | | |
| suéter (m) | süveter | [syvætær] |
| pulôver (m) | pulover | [pulovær] |
| | | |
| colete (m) | yelek | [jælæk] |
| fraque (m) | frak | [frak] |
| smoking (m) | smokin | [smokin] |
| | | |
| uniforme (m) | üniforma | [juniforma] |
| roupa (f) de trabalho | iş elbisesi | [iʃ æ˄bisæsi] |

| fato-macaco (m) | tulum | [tulum] |
| bata (~ branca, etc.) | önlük | [ønlyk] |

## 34. Vestuário. Roupa interior

| roupa (f) interior | iç çamaşırı | [itʃ tʃamaʃırı] |
| camisola (f) interior | atlet | [atlæt] |
| peúgas (f pl) | kısa çorap | [kısa tʃorap] |

| camisa (f) de noite | gecelik | [gædʒælik] |
| sutiã (m) | sutyen | [sut'æn] |
| meias longas (f pl) | diz hizası çorap | [diz hizası tʃorap] |
| meias-calças (f pl) | külotlu çorap | [kyløtly tʃorap] |
| meias (f pl) | çorap | [tʃorap] |
| fato (m) de banho | mayo | [majo] |

## 35. Adereços de cabeça

| chapéu (m) | şapka | [ʃapka] |
| chapéu (m) de feltro | fötr şapka | [føtr ʃapka] |
| boné (m) de beisebol | beyzbol şapkası | [bæjzbol ʃapkası] |
| boné (m) | kasket | [kaskæt] |

| boina (f) | bere | [bæræ] |
| capuz (m) | kapüşon | [kapyʃon] |
| panamá (m) | panama | [panama] |
| gorro (m) de malha | örgü şapka | [ørgy ʃapka] |

| lenço (m) | başörtüsü | [baʃ ørtysy] |
| chapéu (m) de mulher | kadın şapkası | [kadın ʃapkası] |

| capacete (m) de proteção | baret, kask | [baræt], [kask] |
| bivaque (m) | kayık kep | [kajık kæp] |
| capacete (m) | kask | [kask] |

| chapéu (m) de coco | melon şapka | [mælon ʃapka] |
| chapéu (m) alto | silindir şapka | [silindir ʃapka] |

## 36. Calçado

| calçado (m) | ayakkabı | [ajakkabı] |
| botinas (f pl) | potinler | [potinlær] |
| sapatos (de salto alto, etc.) | ayakkabılar | [ajakkabılar] |
| botas (f pl) | çizmeler | [tʃizmælær] |
| pantufas (f pl) | terlik | [tærlik] |

| ténis (m pl) | tenis ayakkabısı | [tænis ajakkabısı] |
| sapatilhas (f pl) | spor ayakkabısı | [spor ajakkabısı] |
| sandálias (f pl) | sandalet | [sandalæt] |

| sapateiro (m) | ayakkabıcı | [ajakkabıʤı] |
| salto (m) | topuk | [topuk] |
| par (m) | bir çift ayakkabı | [birʲ ʧift ajakkabı] |

| atacador (m) | bağ | [ba:] |
| apertar os atacadores | bağlamak | [ba:lamak] |
| calçadeira (f) | kaşık | [kaʃık] |
| graxa (f) para calçado | ayakkabı boyası | [ajakkabı bojası] |

## 37. Acessórios pessoais

| luvas (f pl) | eldiven | [æʎdivæn] |
| mitenes (f pl) | tek parmaklı eldiven | [tæk parmaklı æʎdivæn] |
| cachecol (m) | atkı | [atkı] |

| óculos (m pl) | gözlük | [gøzlyk] |
| armação (f) de óculos | çerçeve | [ʧærʧævæ] |
| guarda-chuva (m) | şemsiye | [ʃæmsijæ] |
| bengala (f) | baston | [baston] |
| escova (f) para o cabelo | saç fırçası | [saʧ firʧası] |
| leque (m) | yelpaze | [jælpazæ] |

| gravata (f) | kravat | [kravat] |
| gravata-borboleta (f) | papyon | [papʲon] |
| suspensórios (m pl) | pantolon askısı | [pantolon askısı] |
| lenço (m) | mendil | [mændiʎ] |

| pente (m) | tarak | [tarak] |
| travessão (m) | toka | [toka] |
| gancho (m) de cabelo | firkete | [firkætæ] |
| fivela (f) | kemer tokası | [kæmær tokası] |

| cinto (m) | kemer | [kæmær] |
| correia (f) | kayış | [kajıʃ] |

| bolsa (f) | çanta | [ʧanta] |
| bolsa (f) de senhora | bayan çantası | [bajan ʧantası] |
| mochila (f) | arka çantası | [arka ʧantası] |

## 38. Vestuário. Diversos

| moda (f) | moda | [moda] |
| na moda | modaya uygun | [modaja ujgun] |
| estilista (m) | modelci | [modæʎʤi] |

| colarinho (m), gola (f) | yaka | [jaka] |
| bolso (m) | cep | [dʒæp] |
| de bolso | cep | [dʒæp] |
| manga (f) | kol | [kol] |
| presilha (f) | askı | [askı] |
| braguilha (f) | pantolon fermuarı | [pantolon færmuarı] |

| fecho (m) de correr | fermuar | [færmuar] |
| fecho (m), colchete (m) | kopça | [koptʃa] |
| botão (m) | düğme | [dyjmæ] |
| casa (f) de botão | düğme iliği | [dyjmæ ili:] |
| saltar (vi) (botão, etc.) | kopmak | [kopmak] |

| coser, costurar (vi) | dikmek | [dikmæk] |
| bordar (vt) | nakış işlemek | [nakıʃ iʃlæmæk] |
| bordado (m) | nakış | [nakıʃ] |
| agulha (f) | iğne | [i:næ] |
| fio (m) | iplik | [iplik] |
| costura (f) | dikiş | [dikiʃ] |

| sujar-se (vp) | kirlenmek | [kirlænmæk] |
| mancha (f) | leke | [lækæ] |
| engelhar-se (vp) | buruşmak | [buruʃmak] |
| rasgar (vt) | yırtmak | [jırtmak] |
| traça (f) | güve | [gyvæ] |

## 39. Cuidados pessoais. Cosméticos

| pasta (f) de dentes | diş macunu | [diʃ madʒunu] |
| escova (f) de dentes | diş fırçası | [diʃ fırtʃası] |
| escovar os dentes | dişlerini fırçalamak | [diʃlærini fırtʃalamak] |

| máquina (f) de barbear | jilet | [ʒilæt] |
| creme (m) de barbear | tıraş kremi | [tıraʃ kræmi] |
| barbear-se (vp) | tıraş olmak | [tıraʃ olmak] |

| sabonete (m) | sabun | [sabun] |
| champô (m) | şampuan | [ʃampuan] |

| tesoura (f) | makas | [makas] |
| lima (f) de unhas | tırnak törpüsü | [tırnak tørpysy] |
| corta-unhas (m) | tırnak makası | [tırnak makası] |
| pinça (f) | cımbız | [dʒımbız] |

| cosméticos (m pl) | kozmetik | [kozmætik] |
| máscara (f) facial | yüz maskesi | [juz maskæsi] |
| manicura (f) | manikür | [manikyr] |
| fazer a manicura | manikür yapmak | [manikyr japmak] |
| pedicure (f) | pedikür | [pædikyr] |
| bolsa (f) de maquilhagem | makyaj çantası | [makjaʒ tʃantası] |

| pó (m) | pudra | [pudra] |
| caixa (f) de pó | pudralık | [pudralık] |
| blush (m) | allık | [allık] |

| perfume (m) | parfüm | [parfym] |
| água (f) de toilette | parfüm suyu | [parfym suju] |
| loção (m) | losyon | [losion] |
| água-de-colónia (f) | kolonya | [koloɲja] |

| sombra (f) de olhos | far | [far] |
| lápis (m) delineador | göz kalemi | [gøz kalæmi] |
| máscara (f), rímel (m) | rimel | [rimæʎ] |

| batom (m) | ruj | [ruʒ] |
| verniz (m) de unhas | oje | [oʒæ] |
| laca (f) para cabelos | saç spreyi | [satʃ spræjı] |
| desodorizante (m) | deodorant | [dæodorant] |

| creme (m) | krem | [kræm] |
| creme (m) de rosto | yüz kremi | [juz kræmi] |
| creme (m) de mãos | el kremi | [æʎ kræmi] |
| creme (m) antirrugas | kırışıklık giderici krem | [kırıʃıklık gidæridʒi kræm] |
| de dia | günlük | [gynlyk] |
| da noite | gece | [gædʒæ] |

| tampão (m) | tampon | [tampon] |
| papel (m) higiénico | tuvalet kağıdı | [tuvalæt kaıdı] |
| secador (m) elétrico | saç kurutma makinesi | [satʃ kurutma makinæsi] |

## 40. Relógios de pulso. Relógios

| relógio (m) de pulso | el saati | [æʎ sa:ti] |
| mostrador (m) | kadran | [kadran] |
| ponteiro (m) | akrep, yelkovan | [akræp], [jælkovan] |
| bracelete (f) em aço | metal kordon | [metaʎ kordon] |
| bracelete (f) em pele | kayış | [kajıʃ] |

| pilha (f) | pil | [piʎ] |
| descarregar-se | bitmek | [bitmæk] |
| trocar a pilha | pil değiştirmek | [piʎ dæiʃtirmæk] |

| estar adiantado | ileri gitmek | [ilæri gitmæk] |
| estar atrasado | geride kalmak | [gæridæ kalmak] |

| relógio (m) de parede | duvar saati | [duvar sa:ti] |
| ampulheta (f) | kum saati | [kum sa:ti] |
| relógio (m) de sol | güneş saati | [gynæʃ sa:ti] |
| despertador (m) | çalar saat | [tʃalar sa:t] |
| relojoeiro (m) | saatçi | [sa:tʃi] |
| reparar (vt) | tamir etmek | [tamir ætmæk] |

# T&P BOOKS

# EXPERIÊNCIA
# DO QUOTIDIANO

**T&P Books Publishing**

## 41. Dinheiro

| | | |
|---|---|---|
| dinheiro (m) | para | [para] |
| câmbio (m) | kambiyo | [kambijo] |
| taxa (f) de câmbio | kur | [kur] |
| Caixa Multibanco (m) | bankamatik | [baŋkamatik] |
| moeda (f) | para | [para] |
| | | |
| dólar (m) | dolar | [dolar] |
| euro (m) | Euro | [juro] |
| | | |
| lira (f) | liret | [liræt] |
| marco (m) | Alman markı | [alman markı] |
| franco (m) | frank | [fraŋk] |
| libra (f) esterlina | İngiliz sterlini | [iŋiliz stærlini] |
| iene (m) | yen | [jæn] |
| | | |
| dívida (f) | borç | [bortʃ] |
| devedor (m) | borçlu | [bortʃlu] |
| emprestar (vt) | borç vermek | [bortʃ værmæk] |
| pedir emprestado | borç almak | [bortʃ almak] |
| | | |
| banco (m) | banka | [baŋka] |
| conta (f) | hesap | [hæsap] |
| depositar na conta | para yatırmak | [para jatırmak] |
| levantar (vt) | hesaptan çekmek | [hæsaptan tʃækmæk] |
| | | |
| cartão (m) de crédito | kredi kartı | [krædi kartı] |
| dinheiro (m) vivo | nakit para | [nakit para] |
| cheque (m) | çek | [tʃæk] |
| passar um cheque | çek yazmak | [tʃæk jazmak] |
| livro (m) de cheques | çek defteri | [tʃæk dæftæri] |
| | | |
| carteira (f) | cüzdan | [dʒyzdan] |
| porta-moedas (m) | para cüzdanı | [para dʒyzdanı] |
| carteira (f) | cüzdan | [dʒyzdan] |
| cofre (m) | para kasası | [para kasası] |
| | | |
| herdeiro (m) | mirasçı | [mirastʃı] |
| herança (f) | miras | [miras] |
| fortuna (riqueza) | varlık | [varlık] |
| | | |
| arrendamento (m) | kira | [kira] |
| renda (f) de casa | ev kirası | [æv kirası] |
| alugar (vt) | kiralamak | [kiralamak] |
| preço (m) | fiyat | [fijat] |

| custo (m) | maliyet | [malijæt] |
| soma (f) | toplam | [toplam] |

| gastar (vt) | harcamak | [hardʒamak] |
| gastos (m pl) | masraflar | [masraflar] |
| economizar (vi) | idareli kullanmak | [idaræli kullanmak] |
| económico | tutumlu | [tutumlu] |

| pagar (vt) | ödemek | [ødæmæk] |
| pagamento (m) | ödeme | [ødæmæ] |
| troco (m) | para üstü | [para justy] |

| imposto (m) | vergi | [værgi] |
| multa (f) | ceza | [dʒæza] |
| multar (vt) | ceza kesmek | [dʒæza kæsmæk] |

## 42. Correios. Serviço postal

| correios (m pl) | postane | [postanæ] |
| correio (m) | posta | [posta] |
| carteiro (m) | postacı | [postadʒı] |
| horário (m) | çalışma saatleri | [tʃalıʃma sa:tlæri] |

| carta (f) | mektup | [mæktup] |
| carta (f) registada | taahhütlü mektup | [ta:hytly mæktup] |
| postal (m) | kart | [kart] |
| telegrama (m) | telgraf | [tælgraf] |
| encomenda (f) postal | koli | [koli] |
| remessa (f) de dinheiro | para havalesi | [para havalæsi] |

| receber (vt) | almak | [almak] |
| enviar (vt) | göndermek | [gøndærmæk] |
| envio (m) | gönderme | [gøndærmæ] |

| endereço (m) | adres | [adræs] |
| código (m) postal | endeks, indeks | [ændæks], [indæks] |
| remetente (m) | gönderen | [gøndæræn] |
| destinatário (m) | alıcı | [alıdʒı] |

| nome (m) | ad, isim | [ad], [isim] |
| apelido (m) | soyadı | [sojadı] |

| tarifa (f) | tarife | [tarifæ] |
| normal | normal | [normaʎ] |
| económico | ekonomik | [ækonomik] |

| peso (m) | ağırlık | [aırlık] |
| pesar (estabelecer o peso) | tartmak | [tartmak] |
| envelope (m) | zarf | [zarf] |
| selo (m) | pul | [pul] |

## 43. Banca

| banco (m) | banka | [baŋka] |
| sucursal, balcão (f) | banka şubesi | [baŋka ʃubæsı] |
| | | |
| consultor (m) | danışman | [danıʃman] |
| gerente (m) | yönetici | [jonætidʒi] |
| | | |
| conta (f) | hesap | [hæsap] |
| número (m) da conta | hesap numarası | [hæsap numarası] |
| conta (f) corrente | çek hesabı | [tʃæk hæsabı] |
| conta (f) poupança | mevduat hesabı | [mævduat hæsabı] |
| | | |
| abrir uma conta | hesap açmak | [hæsap atʃmak] |
| fechar uma conta | hesap kapatmak | [hæsap kapatmak] |
| depositar na conta | para yatırmak | [para jatırmak] |
| levantar (vt) | hesaptan çekmek | [hæsaptan tʃækmæk] |
| | | |
| depósito (m) | mevduat | [mævduat] |
| fazer um depósito | depozito vermek | [dæpozito værmæk] |
| transferência (f) bancária | havale | [havalæ] |
| transferir (vt) | havale etmek | [havalæ ætmæk] |
| | | |
| soma (f) | toplam | [toplam] |
| Quanto? | Kaç? | [katʃ] |
| | | |
| assinatura (f) | imza | [imza] |
| assinar (vt) | imzalamak | [imzalamak] |
| | | |
| cartão (m) de crédito | kredi kartı | [krædi kartı] |
| código (m) | kod | [kod] |
| número (m) do cartão de crédito | kredi kartı numarası | [krædi kartı numarası] |
| Caixa Multibanco (m) | bankamatik | [baŋkamatik] |
| | | |
| cheque (m) | çek | [tʃæk] |
| passar um cheque | çek yazmak | [tʃæk jazmak] |
| livro (m) de cheques | çek defteri | [tʃæk dæftæri] |
| | | |
| empréstimo (m) | kredi | [krædi] |
| pedir um empréstimo | krediye başvurmak | [krædijæ baʃvurmak] |
| obter um empréstimo | kredi almak | [krædi almak] |
| conceder um empréstimo | kredi vermek | [krædi værmæk] |
| garantia (f) | garanti | [garanti] |

## 44. Telefone. Conversação telefónica

| telefone (m) | telefon | [tælæfon] |
| telemóvel (m) | cep telefonu | [dʒæp tælæfonu] |

| atendedor (m) de chamadas | telesekreter | [tælæsækrætær] |
| fazer uma chamada | **telefonla aramak** | [tælæfonla aramak] |
| chamada (f) | **arama, görüşme** | [arama], [gøryʃmæ] |
| | | |
| marcar um número | **numarayı aramak** | [numarajı aramak] |
| Alô! | **Alo!** | [alø] |
| perguntar (vt) | **sormak** | [sormak] |
| responder (vt) | **cevap vermek** | [dʒævap værmæk] |
| | | |
| ouvir (vt) | **duymak** | [dujmak] |
| bem | **iyi** | [ijı] |
| mal | **kötü** | [køty] |
| ruído (m) | **parazit** | [parazit] |
| | | |
| auscultador (m) | **telefon ahizesi** | [tælæfon ahizæsi] |
| pegar o telefone | **açmak telefonu** | [atʃmak tælæfonu] |
| desligar (vi) | **telefonu kapatmak** | [tælæfonu kapatmak] |
| | | |
| ocupado | **meşgul** | [mæʃguʎ] |
| tocar (vi) | **çalmak** | [tʃalmak] |
| lista (f) telefónica | **telefon rehberi** | [tælæfon ræhbæri] |
| | | |
| local | **şehiriçi** | [ʃæhiritʃi] |
| chamada (f) local | **şehiriçi görüşme** | [ʃæhiritʃi gøryʃmæ] |
| para outra cidade | **şehirlerarası** | [ʃæhirlerarası] |
| chamada (f) para outra cidade | **şehirlerarası görüşme** | [ʃæhirlerarası gøryʃmæ] |
| internacional | **uluslararası** | [uluslar arası] |
| chamada (f) internacional | **uluslararası görüşme** | [uluslararası gøryʃmæ] |

## 45. Telefone móvel

| telemóvel (m) | **cep telefonu** | [dʒæp tælæfonu] |
| ecrã (m) | **ekran** | [ækran] |
| botão (m) | **düğme** | [dyjmæ] |
| cartão SIM (m) | **SIM kartı** | [simkartı] |
| | | |
| bateria (f) | **pil** | [piʎ] |
| descarregar-se | **bitmek** | [bitmæk] |
| carregador (m) | **şarj cihazı** | [ʃarʒ dʒihazı] |
| | | |
| menu (m) | **menü** | [mæny] |
| definições (f pl) | **ayarlar** | [ajarlar] |
| melodia (f) | **melodi** | [mælodi] |
| escolher (vt) | **seçmek** | [sætʃmæk] |
| | | |
| calculadora (f) | **hesaplamalar** | [hæsaplamanar] |
| atendedor (m) de chamadas | **telesekreter** | [tælæsækrætær] |

| despertador (m) | çalar saat | [tʃalar sa:t] |
| contatos (m pl) | rehber | [ræhbær] |

| mensagem (f) de texto | SMS mesajı | [æsæmæs mæsaʒi] |
| assinante (m) | abone | [abonæ] |

## 46. Estacionário

| caneta (f) | tükenmez kalem | [tykænmæz kalæm] |
| caneta (f) tinteiro | dolma kalem | [dolma kalæm] |

| lápis (m) | kurşun kalem | [kurʃun kalæm] |
| marcador (m) | fosforlu kalem | [fosforlu kalæm] |
| caneta (f) de feltro | keçeli kalem | [kætʃæli kalæm] |

| bloco (m) de notas | not defteri | [not dæftæri] |
| agenda (f) | ajanda | [aʒanda] |

| régua (f) | cetvel | [dʒætvæʎ] |
| calculadora (f) | hesap makinesi | [hæsap makinæsi] |
| borracha (f) | silgi | [siʎgi] |
| pionés (m) | raptiye | [raptijæ] |
| clipe (m) | ataş | [ataʃ] |

| cola (f) | yapıştırıcı | [japıʃtırıdʒı] |
| agrafador (m) | zımba | [zımba] |
| furador (m) | delgeç | [dæʎgætʃ] |
| afia-lápis (m) | kalemtıraş | [kalæm tıraʃ] |

## 47. Línguas estrangeiras

| língua (f) | dil | [diʎ] |
| língua (f) estrangeira | yabancı dil | [jabandʒı diʎ] |
| estudar (vt) | öğrenim görmek | [øjrænim gørmæk] |
| aprender (vt) | öğrenmek | [øjrænmæk] |

| ler (vt) | okumak | [okumak] |
| falar (vi) | konuşmak | [konuʃmak] |
| compreender (vt) | anlamak | [anlamak] |
| escrever (vt) | yazmak | [jazmak] |

| rapidamente | çabuk | [tʃabuk] |
| devagar | yavaş | [javaʃ] |
| fluentemente | akıcı bir şekilde | [akıdʒı bir ʃækiʎdæ] |

| regras (f pl) | kurallar | [kurallar] |
| gramática (f) | gramer | [gramær] |
| léxico (m) | kelime hazinesi | [kælimæ hazinæsi] |

| | | |
|---|---|---|
| fonética (f) | **fonetik** | [fonætik] |
| manual (m) escolar | **ders kitabı** | [dærs kitabı] |
| dicionário (m) | **sözlük** | [søzlyk] |
| manual (m) de autoaprendizagem | **öz eğitim rehberi** | [øz æitim ræhbæri] |
| guia (m) de conversação | **konuşma kılavuzu** | [konuʃma kılavuzu] |
| | | |
| cassete (f) | **kaset** | [kasæt] |
| cassete (f) de vídeo | **videokaset** | [vidæokasæt] |
| CD (m) | **CD** | [sidi] |
| DVD (m) | **DVD** | [dividi] |
| | | |
| alfabeto (m) | **alfabe** | [aʎfabæ] |
| soletrar (vt) | **hecelemek** | [hædʒælæmæk] |
| pronúncia (f) | **telaffuz** | [tælaffyz] |
| | | |
| sotaque (m) | **aksan** | [aksan] |
| com sotaque | **aksan ile** | [aksan ilæ] |
| sem sotaque | **aksansız** | [aksansız] |
| | | |
| palavra (f) | **kelime** | [kælimæ] |
| sentido (m) | **mana** | [mana] |
| | | |
| cursos (m pl) | **kurslar** | [kurslar] |
| inscrever-se (vp) | **yazılmak** | [jazılmak] |
| professor (m) | **öğretmen** | [øjrætmæn] |
| | | |
| tradução (processo) | **çeviri** | [tʃæviri] |
| tradução (texto) | **tercüme** | [tærdʒymæ] |
| tradutor (m) | **çevirmen** | [tʃævirmæn] |
| intérprete (m) | **tercüman** | [tærdʒyman] |
| | | |
| poliglota (m) | **birçok dil bilen** | [birtʃok diʎ bilæn] |
| memória (f) | **hafıza** | [hafıza] |

# T&P BOOKS

# REFEIÇÕES.
# RESTAURANTE

**T&P Books Publishing**

## 48. Por a mesa

| | | |
|---|---|---|
| colher (f) | kaşık | [kaʃık] |
| faca (f) | bıçak | [bıtʃak] |
| garfo (m) | çatal | [tʃatal] |
| chávena (f) | fincan | [findʒan] |
| prato (m) | tabak | [tabak] |
| pires (m) | fincan tabağı | [findʒan tabaı] |
| guardanapo (m) | peçete | [pætʃætæ] |
| palito (m) | kürdan | [kyrdan] |

## 49. Restaurante

| | | |
|---|---|---|
| restaurante (m) | restoran | [ræstoran] |
| café (m) | kahvehane | [kahvæhanæ] |
| bar (m) | bar | [bar] |
| salão (m) de chá | çay salonu | [tʃaj salonu] |
| | | |
| empregado (m) de mesa | garson | [garson] |
| empregada (f) de mesa | kadın garson | [kadın garson] |
| barman (m) | barmen | [barmæn] |
| | | |
| ementa (f) | menü | [mæny] |
| lista (f) de vinhos | şarap listesi | [ʃarap listæsi] |
| reservar uma mesa | masa ayırtmak | [masa ajırtmak] |
| prato (m) | yemek | [jæmæk] |
| pedir (vt) | sipariş etmek | [sipariʃ ætmæk] |
| fazer o pedido | sipariş vermek | [sipariʃ værmæk] |
| | | |
| aperitivo (m) | aperatif | [apæratif] |
| entrada (f) | çerez | [tʃæræz] |
| sobremesa (f) | tatlı | [tatlı] |
| | | |
| conta (f) | hesap | [hæsap] |
| pagar a conta | hesabı ödemek | [hæsabı ødæmæk] |
| dar o troco | para üstü vermek | [para justy værmæk] |
| gorjeta (f) | bahşiş | [bahʃiʃ] |

## 50. Refeições

| | | |
|---|---|---|
| comida (f) | yemek | [jæmæk] |
| comer (vt) | yemek | [jæmæk] |

| pequeno-almoço (m) | kahvaltı | [kahvaltı] |
| tomar o pequeno-almoço | kahvaltı yapmak | [kahvaltı japmak] |
| almoço (m) | öğle yemeği | [øjlæ jæmæi] |
| almoçar (vi) | öğle yemeği yemek | [øjlæ jæmæi jæmæk] |
| jantar (m) | akşam yemeği | [akʃam jæmæi] |
| jantar (vi) | akşam yemeği yemek | [akʃam jæmæi jæmæk] |
| apetite (m) | iştah | [iʃtah] |
| Bom apetite! | Afiyet olsun! | [afijæt olsun] |
| abrir (~ uma lata, etc.) | açmak | [atʃmak] |
| derramar (vt) | dökmek | [døkmæk] |
| derramar-se (vp) | dökülmek | [døkyʎmæk] |
| estar a ferver (água) | kaynamak | [kajnamak] |
| ferver (vt) | kaynatmak | [kajnatmak] |
| fervido | kaynamış | [kajnamıʃ] |
| arrefecer (vt) | serinletmek | [særinlætmæk] |
| arrefecer-se (vp) | serinleşmek | [særinlæʃmæk] |
| sabor, gosto (m) | tat | [tat] |
| gostinho (m) | ağızda kalan tat | [aızda kalan tat] |
| fazer dieta | zayıflamak | [zajıflamak] |
| dieta (f) | rejim, diyet | [ræʒim], [dijæt] |
| vitamina (f) | vitamin | [vitamin] |
| caloria (f) | kalori | [kalori] |
| vegetariano (m) | vejetaryen kimse | [væʤætariæn kimsæ] |
| vegetariano | vejetaryen | [væʤætariæn] |
| gorduras (f pl) | yağlar | [ja:lar] |
| proteínas (f pl) | proteinler | [protæinlær] |
| hidratos (m pl) de carbono | karbonhidratlar | [karbonhidratlar] |
| fatia (~ de limão, etc.) | dilim | [dilim] |
| pedaço (~ de bolo) | parça | [partʃa] |
| migalha (f) | kırıntı | [kırıntı] |

## 51. Pratos cozinhados

| prato (m) | yemek | [jæmæk] |
| cozinha (~ portuguesa) | mutfak | [mutfak] |
| receita (f) | yemek tarifi | [jæmæk tarifı] |
| porção (f) | porsiyon | [porsijon] |
| salada (f) | salata | [salata] |
| sopa (f) | çorba | [tʃorba] |
| caldo (m) | et suyu | [æt suju] |
| sandes (f) | sandviç | [sandvitʃ] |
| ovos (m pl) estrelados | sahanda yumurta | [sahanda jumurta] |

| croquete (m) | köfte | [køftæ] |
| hambúrguer (m) | hamburger | [hamburgær] |
| bife (m) | biftek | [biftæk] |
| guisado (m) | et kızartması, rosto | [æt kızartması], [rosto] |

| conduto (m) | garnitür | [garnityr] |
| espaguete (m) | spagetti | [spagætti] |
| puré (m) de batata | patates püresi | [patatæs pyræsi] |
| pizza (f) | pizza | [pizza] |
| papa (f) | lâpa | [ʎapa] |
| omelete (f) | omlet | [omlæt] |

| cozido em água | pişmiş | [piʃmiʃ] |
| fumado | tütsülenmiş, füme | [tytsylænmiʃ], [fymæ] |
| frito | kızartılmış | [kızartılmıʃ] |
| seco | kuru | [kuru] |
| congelado | dondurulmuş | [dondurulmuʃ] |
| em vinagre | turşu | [turʃu] |

| doce (açucarado) | tatlı | [tatlı] |
| salgado | tuzlu | [tuzlu] |
| frio | soğuk | [souk] |
| quente | sıcak | [sıdʒak] |
| amargo | acı | [adʒı] |
| gostoso | tatlı, lezzetli | [tatlı], [læzzætli] |

| cozinhar (em água a ferver) | kaynatmak | [kajnatmak] |
| fazer, preparar (vt) | pişirmek | [piʃirmæk] |
| fritar (vt) | kızartmak | [kızartmak] |
| aquecer (vt) | ısıtmak | [ısıtmak] |

| salgar (vt) | tuzlamak | [tuzlamak] |
| apimentar (vt) | biberlemek | [bibærlæmæk] |
| ralar (vt) | rendelemek | [rændælæmæk] |
| casca (f) | kabuk | [kabuk] |
| descascar (vt) | soymak | [sojmak] |

## 52. Comida

| carne (f) | et | [æt] |
| galinha (f) | tavuk eti | [tavuk æti] |
| frango (m) | civciv | [dʒiv dʒiv] |
| pato (m) | ördek | [ørdæk] |
| ganso (m) | kaz | [kaz] |
| caça (f) | av hayvanları | [av hajvanları] |
| peru (m) | hindi | [hindi] |

| carne (f) de porco | domuz eti | [domuz æti] |
| carne (f) de vitela | dana eti | [dana æti] |

| | | |
|---|---|---|
| carne (f) de carneiro | koyun eti | [kojun æti] |
| carne (f) de vaca | sığır eti | [sɪːr æti] |
| carne (f) de coelho | tavşan eti | [tavʃan æti] |
| | | |
| chouriço (m) | sucuk, sosis | [sudʒuk], [sosis] |
| salsicha (f) | sosis | [sosis] |
| bacon (m) | domuz pastırması | [domuz pastırması] |
| fiambre (f) | jambon | [ʒambon] |
| presunto (m) | tütsülenmiş jambon | [tytsylænmiʃ ʒambon] |
| | | |
| patê (m) | ezme | [æzmæ] |
| iscas (f pl) | karaciğer | [karadʒiær] |
| toucinho (m) | yağ | [jaː] |
| carne (f) moída | kıyma | [kɪjma] |
| língua (f) | dil | [diʎ] |
| | | |
| ovo (m) | yumurta | [jumurta] |
| ovos (m pl) | yumurtalar | [jumurtalar] |
| clara (f) do ovo | yumurta akı | [jumurta akı] |
| gema (f) do ovo | yumurta sarısı | [jumurta sarısı] |
| | | |
| peixe (m) | balık | [balık] |
| marisco (m) | deniz ürünleri | [dæniz jurynlæri] |
| caviar (m) | havyar | [havjar] |
| | | |
| caranguejo (m) | yengeç | [jæŋætʃ] |
| camarão (m) | karides | [karidæs] |
| ostra (f) | istiridye | [istiridʲæ] |
| lagosta (f) | langust | [laŋust] |
| polvo (m) | ahtapot | [ahtapot] |
| lula (f) | kalamar | [kalamar] |
| | | |
| esturjão (m) | mersin balığı | [mærsin balıː] |
| salmão (m) | som balığı | [som balıː] |
| halibute (m) | pisi balığı | [pisi balıː] |
| | | |
| bacalhau (m) | morina balığı | [morina balıː] |
| cavala (m), sarda (f) | uskumru | [uskumru] |
| atum (m) | ton balığı | [ton balıː] |
| enguia (f) | yılan balığı | [jɪlan balıː] |
| | | |
| truta (f) | alabalık | [alabalık] |
| sardinha (f) | sardalye | [sardaʎʲæ] |
| lúcio (m) | turna balığı | [turna balıː] |
| arenque (m) | ringa | [riŋa] |
| | | |
| pão (m) | ekmek | [ækmæk] |
| queijo (m) | peynir | [pæjnir] |
| açúcar (m) | şeker | [ʃækær] |
| sal (m) | tuz | [tuz] |
| arroz (m) | pirinç | [pirintʃ] |
| massas (f pl) | makarna | [makarna] |

| talharim (m) | erişte | [ærɪʃtæ] |
| manteiga (f) | tereyağı | [tæræjaɪ] |
| óleo (m) | bitkisel yağ | [bitkisæʎ jaː] |
| óleo (m) de girassol | ayçiçeği yağı | [ajtʃitʃæɪ jaɪ] |
| margarina (f) | margarin | [margarin] |
| | | |
| azeitonas (f pl) | zeytin | [zæjtin] |
| azeite (m) | zeytin yağı | [zæjtin jaɪ] |
| | | |
| leite (m) | süt | [syt] |
| leite (m) condensado | yoğunlaştırılmış süt | [jounlaʃtırılmıʃ syt] |
| iogurte (m) | yoğurt | [jourt] |
| creme (m) azedo | ekşi krema | [ækʃi kræma] |
| nata (f) do leite | süt kaymağı | [syt kajmaɪ] |
| | | |
| maionese (f) | mayonez | [majonæz] |
| creme (m) | krema | [kræma] |
| | | |
| grãos (m pl) de cereais | tane | [tanæ] |
| farinha (f) | un | [un] |
| conservas (f pl) | konserve | [konsærvæ] |
| | | |
| flocos (m pl) de milho | mısır gevreği | [mısır gævræi] |
| mel (m) | bal | [bal] |
| doce (m) | reçel, marmelat | [rætʃæʎ], [marmælat] |
| pastilha (f) elástica | sakız, çiklet | [sakız], [tʃiklæt] |

## 53. Bebidas

| água (f) | su | [su] |
| água (f) potável | içme suyu | [itʃmæ suju] |
| água (f) mineral | maden suyu | [madæn suju] |
| | | |
| sem gás | gazsız | [gazsız] |
| gaseificada | gazlı | [gazlı] |
| com gás | maden | [madæn] |
| gelo (m) | buz | [buz] |
| com gelo | buzlu | [buzlu] |
| | | |
| sem álcool | alkolsüz | [alkoʎsyz] |
| bebida (f) sem álcool | alkolsüz içki | [alkoʎsyz itʃki] |
| refresco (m) | soğuk meşrubat | [sojuk mæʃrubat] |
| limonada (f) | limonata | [limonata] |
| | | |
| bebidas (f pl) alcoólicas | alkollü içkiler | [alkolly itʃkilær] |
| vinho (m) | şarap | [ʃarap] |
| vinho (m) branco | beyaz şarap | [bæjaz ʃarap] |
| vinho (m) tinto | kırmızı şarap | [kırmızı ʃarap] |
| licor (m) | likör | [likør] |
| champanhe (m) | şampanya | [ʃampaɲja] |

| | | |
|---|---|---|
| vermute (m) | vermut | [værmut] |
| uísque (m) | viski | [viski] |
| vodka (f) | votka | [votka] |
| gim (m) | cin | [dʒin] |
| conhaque (m) | konyak | [koɲjak] |
| rum (m) | rom | [rom] |
| | | |
| café (m) | kahve | [kahvæ] |
| café (m) puro | siyah kahve | [sijah kahvæ] |
| café (m) com leite | sütlü kahve | [sytly kahvæ] |
| cappuccino (m) | kaymaklı kahve | [kajmaklı kahvæ] |
| café (m) solúvel | hazır kahve | [hazır kahvæ] |
| | | |
| leite (m) | süt | [syt] |
| coquetel (m) | kokteyl | [koktæjʎ] |
| batido (m) de leite | sütlü kokteyl | [sytly koktæjʎ] |
| | | |
| sumo (m) | meyve suyu | [mæjvæ suju] |
| sumo (m) de tomate | domates suyu | [domatæs suju] |
| sumo (m) de laranja | portakal suyu | [portakal suju] |
| sumo (m) fresco | taze meyve suyu | [tazæ mæjvæ suju] |
| | | |
| cerveja (f) | bira | [bira] |
| cerveja (f) clara | hafif bira | [hafif bira] |
| cerveja (m) preta | siyah bira | [sijah bira] |
| | | |
| chá (m) | çay | [tʃaj] |
| chá (m) preto | siyah çay | [sijah tʃaj] |
| chá (m) verde | yeşil çay | [jæʃiʎ tʃaj] |

## 54. Vegetais

| | | |
|---|---|---|
| legumes (m pl) | sebze | [sæbzæ] |
| verduras (f pl) | yeşillik | [jæʃiʎik] |
| | | |
| tomate (m) | domates | [domatæs] |
| pepino (m) | salatalık | [salatalık] |
| cenoura (f) | havuç | [havutʃ] |
| batata (f) | patates | [patatæs] |
| cebola (f) | soğan | [soan] |
| alho (m) | sarımsak | [sarımsak] |
| | | |
| couve (f) | lahana | [ʎahana] |
| couve-flor (f) | karnabahar | [karnabahar] |
| couve-de-bruxelas (f) | Brüksel lâhanası | [bryksæʎ ʎahanası] |
| brócolos (m pl) | brokoli | [brokoli] |
| | | |
| beterraba (f) | pancar | [pandʒar] |
| beringela (f) | patlıcan | [patlıdʒan] |
| curgete (f) | sakız kabağı | [sakız kabaı] |

| | | |
|---|---|---|
| abóbora (f) | **kabak** | [kabak] |
| nabo (m) | **şalgam** | [ʃalgam] |
| | | |
| salsa (f) | **maydanoz** | [majdanoz] |
| funcho, endro (m) | **dereotu** | [dæræotu] |
| alface (f) | **yeşil salata** | [jæʃiʎ salata] |
| aipo (m) | **kereviz** | [kæræviz] |
| espargo (m) | **kuşkonmaz** | [kuʃkonmaz] |
| espinafre (m) | **ıspanak** | [ɪspanak] |
| | | |
| ervilha (f) | **bezelye** | [bæzæʎæ] |
| fava (f) | **bakla** | [bakla] |
| milho (m) | **mısır** | [mɪsɪr] |
| feijão (m) | **fasulye** | [fasuʎæ] |
| | | |
| pimentão (m) | **dolma biber** | [dolma bibær] |
| rabanete (m) | **turp** | [turp] |
| alcachofra (f) | **enginar** | [æŋinar] |

## 55. Frutos. Nozes

| | | |
|---|---|---|
| fruta (f) | **meyve** | [mæjvæ] |
| maçã (f) | **elma** | [æʎma] |
| pera (f) | **armut** | [armut] |
| limão (m) | **limon** | [limon] |
| laranja (f) | **portakal** | [portakal] |
| morango (m) | **çilek** | [ʧilæk] |
| | | |
| tangerina (f) | **mandalina** | [mandalina] |
| ameixa (f) | **erik** | [ærik] |
| pêssego (m) | **şeftali** | [ʃæftali] |
| damasco (m) | **kayısı** | [kajısı] |
| framboesa (f) | **ahududu** | [ahududu] |
| ananás (m) | **ananas** | [ananas] |
| | | |
| banana (f) | **muz** | [muz] |
| melancia (f) | **karpuz** | [karpuz] |
| uva (f) | **üzüm** | [juzym] |
| ginja (f) | **vişne** | [viʃnæ] |
| cereja (f) | **kiraz** | [kiraz] |
| meloa (f) | **kavun** | [kavun] |
| | | |
| toranja (f) | **greypfrut** | [græjpfrut] |
| abacate (m) | **avokado** | [avokado] |
| papaia (f) | **papaya** | [papaja] |
| manga (f) | **mango** | [maŋo] |
| romã (f) | **nar** | [nar] |
| | | |
| groselha (f) vermelha | **kırmızı frenk üzümü** | [kɪrmɪzɪ fræŋk juzymy] |
| groselha (f) preta | **siyah frenk üzümü** | [sijah fræŋk juzymy] |

| groselha (f) espinhosa | bektaşı üzümü | [bæktaʃı juzymy] |
| mirtilo (m) | yaban mersini | [jaban mærsini] |
| amora silvestre (f) | böğürtlen | [bøjurtlæn] |

| uvas (f pl) passas | kuru üzüm | [kuru juzym] |
| figo (m) | incir | [indʒir] |
| tâmara (f) | hurma | [hurma] |

| amendoim (m) | yerfıstığı | [jærfıstı:] |
| amêndoa (f) | badem | [badæm] |
| noz (f) | ceviz | [dʒæviz] |
| avelã (f) | fındık | [fındık] |
| coco (m) | Hindistan cevizi | [hindistan dʒævizi] |
| pistáchios (m pl) | çam fıstığı | [tʃam fıstı:] |

## 56. Pão. Bolaria

| pastelaria (f) | şekerleme | [ʃækærlæmæ] |
| pão (m) | ekmek | [ækmæk] |
| bolacha (f) | bisküvi | [biskyvi] |

| chocolate (m) | çikolata | [tʃikolata] |
| de chocolate | çikolatalı | [tʃikolatalı] |
| rebuçado (m) | şeker | [ʃækær] |
| bolo (cupcake, etc.) | ufak kek | [ufak kæk] |
| bolo (m) de aniversário | kek, pasta | [kæk], [pasta] |

| tarte (~ de maçã) | börek | [børæk] |
| recheio (m) | iç | [itʃ] |

| doce (m) | reçel | [rætʃæʎ] |
| geleia (f) de frutas | marmelat | [marmælat] |
| waffle (m) | gofret | [gofræt] |
| gelado (m) | dondurma | [dondurma] |

## 57. Especiarias

| sal (m) | tuz | [tuz] |
| salgado | tuzlu | [tuzlu] |
| salgar (vt) | tuzlamak | [tuzlamak] |

| pimenta (f) preta | siyah biber | [sijah bibær] |
| pimenta (f) vermelha | kırmızı biber | [kırmızı bibær] |
| mostarda (f) | hardal | [hardal] |
| raiz-forte (f) | bayırturpu | [bajırturpu] |

| condimento (m) | çeşni | [tʃæʃni] |
| especiaria (f) | baharat | [baharat] |

| molho (m) | salça, sos | [saltʃa], [sos] |
| vinagre (m) | sirke | [sirkæ] |

| anis (m) | anason | [anason] |
| manjericão (m) | fesleğen | [fæslæ:n] |
| cravo (m) | karanfil | [karanfiʎ] |
| gengibre (m) | zencefil | [zændʒæfiʎ] |
| coentro (m) | kişniş | [kiʃniʃ] |
| canela (f) | tarçın | [tartʃɪn] |

| sésamo (m) | susam | [susam] |
| folhas (f pl) de louro | defne yaprağı | [dæfnæ japraɪ] |
| páprica (f) | kırmızıbiber | [kɪrmɪzɪ bibær] |
| cominho (m) | çörek otu | [tʃøræk otu] |
| açafrão (m) | safran | [safran] |

# T&P BOOKS

# INFORMAÇÃO PESSOAL. FAMÍLIA

**T&P Books Publishing**

| | | |
|---|---|---|
| nome (m) | ad, isim | [ad], [isim] |
| apelido (m) | soyadı | [sojadı] |
| data (f) de nascimento | doğum tarihi | [doum tarihi] |
| local (m) de nascimento | doğum yeri | [doum jæri] |
| | | |
| nacionalidade (f) | milliyet | [millijæt] |
| lugar (m) de residência | ikamet yeri | [ikamæt jæri] |
| país (m) | ülke | [juʌkæ] |
| profissão (f) | meslek | [mæslæk] |
| | | |
| sexo (m) | cinsiyet | [ʤinsijæt] |
| estatura (f) | boy | [boj] |
| peso (m) | ağırlık | [aırlık] |

| | | |
|---|---|---|
| mãe (f) | anne | [aŋæ] |
| pai (m) | baba | [baba] |
| filho (m) | oğul | [øul] |
| filha (f) | kız | [kız] |
| | | |
| filha (f) mais nova | küçük kız | [kyʧuk kız] |
| filho (m) mais novo | küçük oğul | [kyʧuk oul] |
| filha (f) mais velha | büyük kız | [byjuk kız] |
| filho (m) mais velho | büyük oğul | [byjuk oul] |
| | | |
| irmão (m) | kardeş | [kardæʃ] |
| irmã (f) | abla | [abla] |
| | | |
| primo (m) | erkek kuzen | [ærkæk kuzæn] |
| prima (f) | kız kuzen | [kız kuzæn] |
| mamã (f) | anne | [aŋæ] |
| papá (m) | baba | [baba] |
| pais (pl) | ana baba | [ana baba] |
| criança (f) | çocuk | [ʧoʤuk] |
| crianças (f pl) | çocuklar | [ʧoʤuklar] |
| | | |
| avó (f) | büyük anne | [byjuk aŋæ] |
| avô (m) | büyük baba | [byjuk baba] |
| neto (m) | erkek torun | [ærkæk torun] |
| neta (f) | kız torun | [kız torun] |
| netos (pl) | torunlar | [torunlar] |

| tio (m) | amca, dayı | [amʤa], [dai:] |
| tia (f) | teyze, hala | [tæjzæ], [hala] |
| sobrinho (m) | erkek yeğen | [ærkæk jæ:n] |
| sobrinha (f) | kız yeğen | [kız jæ:n] |

| sogra (f) | kaynana | [kajnana] |
| sogro (m) | kaynata | [kajnata] |
| genro (m) | güvey | [gyvæj] |
| madrasta (f) | üvey anne | [juvæj aŋæ] |
| padrasto (m) | üvey baba | [juvæj baba] |

| criança (f) de colo | süt çocuğu | [syt tʃoʤu:] |
| bebé (m) | bebek | [bæbæk] |
| menino (m) | erkek çocuk | [ærkæk tʃoʤuk] |

| mulher (f) | hanım, eş | [hanım], [æʃ] |
| marido (m) | eş, koca | [æʃ], [koʤa] |
| esposo (m) | koca | [koʤa] |
| esposa (f) | karı | [karı] |

| casado | evli | [ævli] |
| casada | evli | [ævli] |
| solteiro | bekâr | [bækʲar] |
| solteirão (m) | bekâr | [bækʲar] |
| divorciado | boşanmış | [boʃanmıʃ] |
| viúva (f) | dul kadın | [dul kadın] |
| viúvo (m) | dul erkek | [dul ærkæk] |

| parente (m) | akraba | [akraba] |
| parente (m) próximo | yakın akraba | [jakın akraba] |
| parente (m) distante | uzak akraba | [uzak akraba] |
| parentes (m pl) | akrabalar | [akrabalar] |

| órfão (m), órfã (f) | yetim | [jætim] |
| tutor (m) | vasi | [vasi] |
| adotar (um filho) | evlatlık almak | [ævlatlık almak] |
| adotar (uma filha) | evlatlık almak | [ævlatlık almak] |

## 60. Amigos. Colegas de trabalho

| amigo (m) | dost, arkadaş | [dost], [arkadaʃ] |
| amiga (f) | kız arkadaş | [kız arkadaʃ] |
| amizade (f) | dostluk | [dostluk] |
| ser amigos | arkadaş olmak | [arkadaʃ olmak] |

| amigo (m) | arkadaş | [arkadaʃ] |
| amiga (f) | kız arkadaş | [kız arkadaʃ] |
| parceiro (m) | ortak | [ortak] |
| chefe (m) | şef | [ʃæf] |
| superior (m) | amir | [amir] |

| | | |
|---|---|---|
| subordinado (m) | ast | [ast] |
| colega (m) | meslektaş | [mæslæktaʃ] |
| | | |
| conhecido (m) | tanıdık | [tanıdık] |
| companheiro (m) de viagem | yol arkadaşı | [jol arkadaʃı] |
| colega (m) de classe | sınıf arkadaşı | [sınıf arkadaʃı] |
| | | |
| vizinho (m) | komşu | [komʃu] |
| vizinha (f) | komşu | [komʃu] |
| vizinhos (pl) | komşular | [komʃular] |

T&P BOOKS

# CORPO HUMANO. MEDICINA

T&P Books Publishing

## 61. Cabeça

| | | |
|---|---|---|
| cabeça (f) | **baş** | [baʃ] |
| cara (f) | **yüz** | [juz] |
| nariz (m) | **burun** | [burun] |
| boca (f) | **ağız** | [aɪz] |
| | | |
| olho (m) | **göz** | [gøz] |
| olhos (m pl) | **gözler** | [gøzlær] |
| pupila (f) | **gözbebeği** | [gøz bæbæɪ] |
| sobrancelha (f) | **kaş** | [kaʃ] |
| pestana (f) | **kirpik** | [kirpik] |
| pálpebra (f) | **göz kapağı** | [gøz kapaɪ] |
| | | |
| língua (f) | **dil** | [diʎ] |
| dente (m) | **diş** | [diʃ] |
| lábios (m pl) | **dudaklar** | [dudaklar] |
| maçãs (f pl) do rosto | **elmacık kemiği** | [ælmadʒik kæmiɪ] |
| gengiva (f) | **dişeti** | [diʃæti] |
| céu (f) da boca | **damak** | [damak] |
| | | |
| narinas (f pl) | **burun deliği** | [burun dæliɪ] |
| queixo (m) | **çene** | [tʃænæ] |
| mandíbula (f) | **çene** | [tʃænæ] |
| bochecha (f) | **yanak** | [janak] |
| | | |
| testa (f) | **alın** | [alɪn] |
| têmpora (f) | **şakak** | [ʃakak] |
| orelha (f) | **kulak** | [kulak] |
| nuca (f) | **ense** | [ænsæ] |
| pescoço (m) | **boyun** | [bojun] |
| garganta (f) | **boğaz** | [boaz] |
| | | |
| cabelos (m pl) | **saçlar** | [satʃlar] |
| penteado (m) | **saç** | [satʃ] |
| corte (m) de cabelo | **saç biçimi** | [satʃ bitʃimi] |
| peruca (f) | **peruk** | [pæryk] |
| | | |
| bigode (m) | **bıyık** | [bɪjɪk] |
| barba (f) | **sakal** | [sakal] |
| usar, ter (~ barba, etc.) | **uzatmak, bırakmak** | [uzatmak], [bɪrakmak] |
| trança (f) | **saç örgüsü** | [satʃ ørgysy] |
| suíças (f pl) | **favori** | [favori] |
| | | |
| ruivo | **kızıl saçlı** | [kɪzɪl satʃlı] |
| grisalho | **kır** | [kɪr] |

| calvo | kel | [kæʎ] |
| calva (f) | **dazlak yer** | [dazlak jær] |

| rabo-de-cavalo (m) | **kuyruk** | [kujruk] |
| franja (f) | **kakül** | [kakyʎ] |

## 62. Corpo humano

| mão (f) | **el** | [æʎ] |
| braço (m) | **kol** | [kol] |

| dedo (m) | **parmak** | [parmak] |
| polegar (m) | **başparmak** | [baʃ parmak] |

| dedo (m) mindinho | **küçük parmak** | [kytʃuk parmak] |
| unha (f) | **tırnak** | [tırnak] |

| punho (m) | **yumruk** | [jumruk] |
| palma (f) da mão | **avuç** | [avutʃ] |
| pulso (m) | **bilek** | [bilæk] |
| antebraço (m) | **önkol** | [øŋkol] |

| cotovelo (m) | **dirsek** | [dirsæk] |
| ombro (m) | **omuz** | [omuz] |

| perna (f) | **bacak** | [badʒak] |
| pé (m) | **ayak** | [ajak] |
| joelho (m) | **diz** | [diz] |
| barriga (f) da perna | **baldır** | [baldır] |

| anca (f) | **kalça** | [kaltʃa] |
| talão (m) | **topuk** | [topuk] |

| corpo (m) | **vücut** | [vydʒut] |
| barriga (f) | **karın** | [karın] |
| peito (m) | **göğüs** | [gøjus] |
| seio (m) | **göğüs** | [gøjus] |
| lado (m) | **yan** | [jan] |
| costas (f pl) | **sırt** | [sırt] |

| região (f) lombar | **alt bel** | [alt bæʎ] |
| cintura (f) | **bel** | [bæʎ] |

| umbigo (m) | **göbek** | [gøbæk] |
| nádegas (f pl) | **kaba et** | [kaba æt] |
| traseiro (m) | **kıç** | [kıtʃ] |

| sinal (m) | **ben** | [bæn] |
| tatuagem (f) | **dövme** | [døvmæ] |
| cicatriz (f) | **yara izi** | [jara izi] |

## 63. Doenças

| doença (f) | hastalık | [hastalık] |
| estar doente | hasta olmak | [hasta olmak] |
| saúde (f) | sağlık | [sa:lık] |

| nariz (m) a escorrer | nezle | [næzlæ] |
| amigdalite (f) | anjin | [anʒin] |
| constipação (f) | soğuk algınlığı | [souk algınlı:] |
| constipar-se (vp) | soğuk almak | [souk almak] |

| bronquite (f) | bronşit | [bronʃit] |
| pneumonia (f) | zatürree | [zatyræ] |
| gripe (f) | grip | [grip] |

| míope | miyop | [mijop] |
| presbita | hipermetrop | [hipærmætrop] |
| estrabismo (m) | şaşılık | [ʃaʃilık] |
| estrábico | şaşı | [ʃaʃi] |
| catarata (f) | katarakt | [katarakt] |
| glaucoma (m) | glokoma | [glokoma] |

| AVC (m), apoplexia (f) | felç | [fæʎtʃ] |
| ataque (m) cardíaco | enfarktüs | [ænfarktys] |
| enfarte (m) do miocárdio | kalp krizi | [kaʎp krizi] |
| paralisia (f) | felç | [fæʎtʃ] |
| paralisar (vt) | felç olmak | [fæʎtʃ olmak] |

| alergia (f) | alerji | [alærʒi] |
| asma (f) | astım | [astım] |
| diabetes (f) | diyabet | [diabæt] |

| dor (f) de dentes | diş ağrısı | [diʃ a:rısı] |
| cárie (f) | diş çürümesi | [diʃ tʃurymæsi] |

| diarreia (f) | ishal | [ishaʎ] |
| prisão (f) de ventre | kabız | [kabız] |
| desarranjo (m) intestinal | mide bozukluğu | [midæ bozuklu:] |
| intoxicação (f) alimentar | zehirlenme | [zæhirlænmæ] |
| intoxicar-se | zehirlenmek | [zæhirlænmæk] |

| artrite (f) | artrit, arterit | [artrit] |
| raquitismo (m) | raşitizm | [raʃitizm] |
| reumatismo (m) | romatizma | [romatizma] |
| arteriosclerose (f) | damar sertliği | [damar sæärtli:] |

| gastrite (f) | gastrit | [gastrit] |
| apendicite (f) | apandisit | [apandisit] |
| úlcera (f) | ülser | [juʎsær] |
| sarampo (m) | kızamık | [kızamık] |
| rubéola (f) | kızamıkçık | [kızamıktʃik] |

| | | |
|---|---|---|
| iterícia (f) | sarılık | [sarılık] |
| hepatite (f) | hepatit | [hæpatit] |
| | | |
| esquizofrenia (f) | şizofreni | [ʃizofræni] |
| raiva (f) | kuduz hastalığı | [kuduz hastalı:] |
| neurose (f) | nevroz | [nævroz] |
| comoção (f) cerebral | beyin kanaması | [bæjın kanamasɪ] |
| | | |
| cancro (m) | kanser | [kansær] |
| esclerose (f) | skleroz | [sklæroz] |
| esclerose (f) múltipla | multipl skleroz | [muʌtipl sklæroz] |
| | | |
| alcoolismo (m) | alkoliklik | [alkoliklik] |
| alcoólico (m) | alkolik | [alkolik] |
| sífilis (f) | frengi | [fræŋi] |
| SIDA (f) | AİDS | [æids] |
| | | |
| tumor (m) | tümör, ur | [tymør], [jur] |
| maligno | kötü huylu | [køty hujlu] |
| benigno | iyi huylu | [ijı hujlu] |
| | | |
| febre (f) | sıtma | [sıtma] |
| malária (f) | malarya | [malarja] |
| gangrena (f) | kangren | [kaŋræn] |
| enjoo (m) | deniz tutması | [dæniz tutmasɪ] |
| epilepsia (f) | epilepsi | [æpilæpsi] |
| | | |
| epidemia (f) | salgın | [salgın] |
| tifo (m) | tifüs | [tifys] |
| tuberculose (f) | verem | [væræm] |
| cólera (f) | kolera | [kolæra] |
| peste (f) | veba | [væba] |

## 64. Simtomas. Tratamentos. Parte 1

| | | |
|---|---|---|
| sintoma (m) | belirti | [bælirti] |
| temperatura (f) | ateş | [atæʃ] |
| febre (f) | yüksek ateş | [juksæk atæʃ] |
| pulso (m) | nabız | [nabız] |
| | | |
| vertigem (f) | baş dönmesi | [baʃ dønmæsi] |
| quente (testa, etc.) | ateşli | [atæʃli] |
| calafrio (m) | üşüme | [juʃymæ] |
| pálido | solgun | [solgun] |
| | | |
| tosse (f) | öksürük | [øksyryk] |
| tossir (vi) | öksürmek | [øksyrmæk] |
| espirrar (vi) | hapşırmak | [hapʃırmak] |
| desmaio (m) | baygınlık | [bajgınlık] |
| desmaiar (vi) | bayılmak | [bajılmak] |

| nódoa (f) negra | çürük | [ʧuryk] |
| galo (m) | şişlik | [ʃiʃlik] |
| magoar-se (vp) | çarpmak | [ʧarpmak] |
| pisadura (f) | yara | [jara] |
| aleijar-se (vp) | yaralamak | [jaralamak] |

| coxear (vi) | topallamak | [topallamak] |
| deslocação (f) | çıkık | [ʧɪkɪk] |
| deslocar (vt) | çıkmak | [ʧɪkmak] |
| fratura (f) | kırık, fraktür | [kirik], [fraktyr] |
| fraturar (vt) | kırılmak | [kɪrɪlmak] |

| corte (m) | kesik | [kæsik] |
| cortar-se (vp) | bir yerini kesmek | [bir jærini kæsmæk] |
| hemorragia (f) | kanama | [kanama] |

| queimadura (f) | yanık | [janɪk] |
| queimar-se (vp) | yanmak | [janmak] |

| picar (vt) | batırmak | [batırmak] |
| picar-se (vp) | batırmak | [batırmak] |
| lesionar (vt) | yaralamak | [jaralamak] |
| lesão (m) | yara, zarar | [jara], [zarar] |
| ferida (f), ferimento (m) | yara | [jara] |
| trauma (m) | sarsıntı | [sarsıntı] |

| delirar (vi) | sayıklamak | [sajıklamak] |
| gaguejar (vi) | kekelemek | [kækælæmæk] |
| insolação (f) | güneş çarpması | [gynæʃ ʧarpması] |

## 65.  Simtomas. Tratamentos. Parte 2

| dor (f) | acı | [adʒı] |
| farpa (no dedo) | kıymık | [kıjmık] |

| suor (m) | ter | [tær] |
| suar (vi) | terlemek | [tærlæmæk] |
| vómito (m) | kusma | [kusma] |
| convulsões (f pl) | kramp | [kramp] |

| grávida | hamile | [hamilæ] |
| nascer (vi) | doğmak | [do:mak] |
| parto (m) | doğum | [doum] |
| dar â luz | doğurmak | [dourmak] |
| aborto (m) | çocuk düşürme | [ʧodʒuk dyʃyrmæ] |

| respiração (f) | respirasyon | [ræspirasion] |
| inspiração (f) | soluk alma | [soluk alma] |
| expiração (f) | soluk verme | [soluk vermæ] |
| expirar (vi) | soluk vermek | [soluk værmæk] |

| inspirar (vi) | bir soluk almak | [bir soluk almak] |
| inválido (m) | malul | [malyl] |
| aleijado (m) | sakat | [sakat] |
| toxicodependente (m) | uyuşturucu bağımlısı | [ujuʃturudʒu baımlısı] |

| surdo | sağır | [saır] |
| mudo | dilsiz | [diʎsiz] |
| surdo-mudo | sağır ve dilsiz | [saır væ diʎsiz] |

| louco (adj.) | deli | [dæli] |
| louco (m) | deli adam | [dæli adam] |
| louca (f) | deli kadın | [dæli kadın] |
| ficar louco | çıldırmak | [tʃıldırmak] |

| gene (m) | gen | [gæn] |
| imunidade (f) | bağışıklık | [baıʃıklık] |
| hereditário | irsi, kalıtsal | [irsi], [kalıtsal] |
| congénito | doğuştan | [douʃtan] |

| vírus (m) | virüs | [virys] |
| micróbio (m) | mikrop | [mikrop] |
| bactéria (f) | bakteri | [baktæri] |
| infeção (f) | enfeksiyon | [ænfæksijon] |

## 66. Simtomas. Tratamentos. Parte 3

| hospital (m) | hastane | [hastanæ] |
| paciente (m) | hasta | [hasta] |

| diagnóstico (m) | teşhis | [tæʃhis] |
| cura (f) | çare | [tʃaræ] |
| tratamento (m) médico | tedavi | [tædavi] |
| curar-se (vp) | tedavi görmek | [tædavi gørmæk] |
| tratar (vt) | tedavi etmek | [tædavi ætmæk] |
| cuidar (pessoa) | hastaya bakmak | [hastaja bakmak] |
| cuidados (m pl) | hasta bakımı | [hasta bakımı] |

| operação (f) | ameliyat | [amælijat] |
| pôr uma ligadura | pansuman yapmak | [pansuman japmak] |
| ligadura (f) | pansuman | [pansuman] |

| vacinação (f) | aşılama | [aʃılama] |
| vacinar (vt) | aşı yapmak | [aʃı japmak] |
| injeção (f) | iğne | [i:næ] |
| dar uma injeção | iğne yapmak | [i:næ japmak] |

| amputação (f) | ampütasyon | [ampytasʲon] |
| amputar (vt) | ameliyatla almak | [amælijatla almak] |
| coma (m) | koma | [koma] |
| estar em coma | komada olmak | [komada olmak] |

| reanimação (f) | yoğun bakım | [joun bakım] |
| recuperar-se (vp) | iyileşmek | [ijılæʃmæk] |
| estado (~ de saúde) | durum | [durum] |
| consciência (f) | bilinç | [bilintʃ] |
| memória (f) | hafıza | [hafıza] |

| tirar (vt) | çekmek | [tʃækmæk] |
| chumbo (m), obturação (f) | dolgu | [dolgu] |
| chumbar, obturar (vt) | dolgu yapmak | [dolgu japmak] |

| hipnose (f) | hipnoz | [hipnoz] |
| hipnotizar (vt) | hipnotize etmek | [hipnotizæ ætmæk] |

## 67. Medicina. Drogas. Acessórios

| medicamento (m) | ilaç | [ilatʃ] |
| remédio (m) | deva | [dæva] |
| receitar (vt) | yazmak | [jazmak] |
| receita (f) | reçete | [rætʃætæ] |

| comprimido (m) | hap | [hap] |
| pomada (f) | merhem | [mærhæm] |
| ampola (f) | ampul | [ampuʎ] |
| preparado (m) | solüsyon | [solysion] |
| xarope (m) | şurup | [ʃurup] |
| cápsula (f) | kapsül | [kapsyl] |
| remédio (m) em pó | toz | [toz] |

| ligadura (f) | bandaj | [bandaʒ] |
| algodão (m) | pamuk | [pamuk] |
| iodo (m) | iyot | [ijot] |

| penso (m) rápido | yara bandı | [jara bandı] |
| conta-gotas (f) | damlalık | [damlalık] |
| termómetro (m) | derece | [dærædʒæ] |
| seringa (f) | şırınga | [ʃiriŋa] |

| cadeira (m) de rodas | tekerlekli sandalye | [tækærlækli sandaʎæ] |
| muletas (f pl) | koltuk değneği | [koltuk dæjnæi] |

| analgésico (m) | anestetik | [anæstætik] |
| laxante (m) | müshil | [myshiʎ] |
| álcool (m) etílico | ispirto | [ispirto] |
| ervas (f pl) medicinais | şifalı bitkiler | [ʃifalı bitkilær] |
| de ervas (chá ~) | bitkisel | [bitkisæʎ] |

# APARTAMENTO

T&P Books Publishing

## 68. Apartamento

| | | |
|---|---|---|
| apartamento (m) | **daire** | [dairæ] |
| quarto (m) | **oda** | [oda] |
| quarto (m) de dormir | **yatak odası** | [jatak odası] |
| sala (f) de jantar | **yemek odası** | [jæmæk odası] |
| sala (f) de estar | **misafir odası** | [misafir odası] |
| escritório (m) | **çalışma odası** | [tʃalıʃma odası] |
| | | |
| antessala (f) | **antre** | [antræ] |
| quarto (m) de banho | **banyo odası** | [baɲʲo odası] |
| quarto (m) de banho | **tuvalet** | [tuvalæt] |
| | | |
| teto (m) | **tavan** | [tavan] |
| chão, soalho (m) | **taban, yer** | [taban], [jær] |
| canto (m) | **köşesi** | [køʃæsi] |

## 69. Mobiliário. Interior

| | | |
|---|---|---|
| mobiliário (m) | **mobilya** | [mobiʎja] |
| mesa (f) | **masa** | [masa] |
| cadeira (f) | **sandalye** | [sandaʎʲæ] |
| cama (f) | **yatak** | [jatak] |
| divã (m) | **kanape** | [kanapæ] |
| cadeirão (m) | **koltuk** | [koltuk] |
| | | |
| biblioteca (f) | **kitaplık** | [kitaplık] |
| prateleira (f) | **kitap rafı** | [kitap rafı] |
| estante (f) | **etajer** | [ætaʒær] |
| | | |
| guarda-vestidos (m) | **elbise dolabı** | [æʎbisæ dolabı] |
| cabide (m) de parede | **duvar askısı** | [duvar askısı] |
| cabide (m) de pé | **portmanto** | [portmanto] |
| | | |
| cómoda (f) | **komot** | [komot] |
| mesinha (f) de centro | **sehpa** | [sæhpa] |
| | | |
| espelho (m) | **ayna** | [ajna] |
| tapete (m) | **halı** | [halı] |
| tapete (m) pequeno | **kilim** | [kilim] |
| | | |
| lareira (f) | **şömine** | [ʃominæ] |
| vela (f) | **mum** | [mum] |
| castiçal (m) | **mumluk** | [mumluk] |

| cortinas (f pl) | perdeler | [pærdlær] |
| papel (m) de parede | duvar kağıdı | [duvar kʲaıdı] |
| estores (f pl) | jaluzi | [ʒalyzi] |

| candeeiro (m) de mesa | masa lambası | [masa lambası] |
| candeeiro (m) de parede | lamba | [lamba] |
| candeeiro (m) de pé | ayaklı lamba | [ajaklı lamba] |
| lustre (m) | avize | [avizæ] |

| perna (da cadeira, etc.) | ayak | [ajak] |
| braço (m) | kol | [kol] |
| costas (f pl) | arkalık | [arkalık] |
| gaveta (f) | çekmece | [ʧækmædʒæ] |

## 70. Quarto de dormir

| roupa (f) de cama | çamaşır | [ʧamaʃir] |
| almofada (f) | yastık | [jastık] |
| fronha (f) | yastık kılıfı | [jastık kılıfı] |
| cobertor (m) | battaniye | [battanijæ] |
| lençol (m) | çarşaf | [ʧarʃaf] |
| colcha (f) | örtü | [ørty] |

## 71. Cozinha

| cozinha (f) | mutfak | [mutfak] |
| gás (m) | gaz | [gaz] |
| fogão (m) a gás | gaz sobası | [gaz sobası] |
| fogão (m) elétrico | elektrik ocağı | [ælæktrik odʒaı] |
| forno (m) | fırın | [fırın] |
| forno (m) de micro-ondas | mikrodalga fırın | [mikrodalga fırın] |

| frigorífico (m) | buzdolabı | [buzdolabı] |
| congelador (m) | derin dondurucu | [dærin dondurudʒu] |
| máquina (f) de lavar louça | bulaşık makinesi | [bulaʃık makinæsi] |

| moedor (m) de carne | kıyma makinesi | [kıjma makinæsi] |
| espremedor (m) | meyve sıkacağı | [mæjvæ sıkadʒaı] |
| torradeira (f) | tost makinesi | [tost makinæsi] |
| batedeira (f) | mikser | [miksær] |

| máquina (f) de café | kahve makinesi | [kahvæ makinæsi] |
| cafeteira (f) | cezve | [dʒæzvæ] |
| moinho (m) de café | kahve değirmeni | [kahvæ dæirmæni] |

| chaleira (f) | çaydanlık | [ʧajdanlık] |
| bule (m) | demlik | [dæmlik] |
| tampa (f) | kapak | [kapak] |

| coador (f) de chá | süzgeci | [syzgædʒi] |
| colher (f) | kaşık | [kaʃik] |
| colher (f) de chá | çay kaşığı | [tʃaj kaʃɪ:] |
| colher (f) de sopa | yemek kaşığı | [jæmæk kaʃɪ:] |
| garfo (m) | çatal | [tʃatal] |
| faca (f) | bıçak | [bɪtʃak] |

| louça (f) | mutfak gereçleri | [mutfak gærætʃlæri] |
| prato (m) | tabak | [tabak] |
| pires (m) | fincan tabağı | [findʒan tabaɪ] |

| cálice (m) | kadeh | [kadæ] |
| copo (m) | bardak | [bardak] |
| chávena (f) | fincan | [findʒan] |

| açucareiro (m) | şekerlik | [ʃækærlik] |
| saleiro (m) | tuzluk | [tuzluk] |
| pimenteiro (m) | biberlik | [bibærlik] |
| manteigueira (f) | tereyağı tabağı | [tæræjaɪ tabaɪ] |

| panela (f) | tencere | [tændʒæræ] |
| frigideira (f) | tava | [tava] |
| concha (f) | kepçe | [kæptʃæ] |
| passador (m) | süzgeç | [syzgætʃ] |
| bandeja (f) | tepsi | [tæpsi] |

| garrafa (f) | şişe | [ʃiʃæ] |
| boião (m) de vidro | kavanoz | [kavanoz] |
| lata (f) | teneke | [tænækæ] |

| abridor (m) de garrafas | şişe açacağı | [ʃiʃæ atʃadʒaɪ] |
| abre-latas (m) | konserve açacağı | [konsærvæ atʃadʒaɪ] |
| saca-rolhas (m) | tirbuşon | [tirbyʃon] |
| filtro (m) | filtre | [fiʌtræ] |
| filtrar (vt) | filtre etmek | [fiʌtræ ætmæk] |

| lixo (m) | çöp | [tʃop] |
| balde (m) do lixo | çöp kovası | [tʃop kovasɪ] |

## 72. Casa de banho

| quarto (m) de banho | banyo odası | [banʲo odasɪ] |
| água (f) | su | [su] |
| torneira (f) | musluk | [musluk] |
| água (f) quente | sıcak su | [sɪdʒak su] |
| água (f) fria | soğuk su | [souk su] |

| pasta (f) de dentes | diş macunu | [diʃ madʒunu] |
| escovar os dentes | dişlerini fırçalamak | [diʃlærini fɪrtʃalamak] |
| barbear-se (vp) | tıraş olmak | [tɪraʃ olmak] |

| | | |
|---|---|---|
| espuma (f) de barbear | tıraş köpüğü | [tıraʃ køpyju] |
| máquina (f) de barbear | jilet | [ʒilæt] |
| | | |
| lavar (vt) | yıkamak | [jıkamak] |
| lavar-se (vp) | yıkanmak | [jıkanmak] |
| duche (m) | duş | [duʃ] |
| tomar um duche | duş almak | [duʃ almak] |
| | | |
| banheira (f) | banyo | [baɲʲo] |
| sanita (f) | klozet | [klozæt] |
| lavatório (m) | küvet | [kyvæt] |
| | | |
| sabonete (m) | sabun | [sabun] |
| saboneteira (f) | sabunluk | [sabunluk] |
| | | |
| esponja (f) | sünger | [syŋær] |
| champô (m) | şampuan | [ʃampuan] |
| toalha (f) | havlu | [havlu] |
| roupão (m) de banho | bornoz | [bornoz] |
| | | |
| lavagem (f) | çamaşır yıkama | [tʃamaʃır jıkama] |
| máquina (f) de lavar | çamaşır makinesi | [tʃamaʃır makinæsi] |
| lavar a roupa | çamaşırları yıkamak | [tʃamaʃırları jıkamak] |
| detergente (m) | çamaşır deterjanı | [tʃamaʃır dætærʒanı] |

## 73. Eletrodomésticos

| | | |
|---|---|---|
| televisor (m) | televizyon | [tælævizʲon] |
| gravador (m) | teyp | [tæjp] |
| videogravador (m) | video | [vidæo] |
| rádio (m) | radyo | [radʲo] |
| leitor (m) | çalar | [tʃalar] |
| | | |
| projetor (m) | projeksiyon makinesi | [proʒæksion makinæsi] |
| cinema (m) em casa | ev sinema | [ævʲ sinæma] |
| leitor (m) de DVD | DVD oynatıcı | [dividi ojnatıdʒı] |
| amplificador (m) | amplifikatör | [amplifikator] |
| console (f) de jogos | oyun konsolu | [ojun konsolu] |
| | | |
| câmara (f) de vídeo | video kamera | [vidæokamæra] |
| máquina (f) fotográfica | fotoğraf makinesi | [fotoraf makinæsi] |
| câmara (f) digital | dijital fotoğraf makinesi | [diʒital fotoraf makinæsi] |
| | | |
| aspirador (m) | elektrik süpürgesi | [ælæktrik sypyrgæsi] |
| ferro (m) de engomar | ütü | [juty] |
| tábua (f) de engomar | ütü masası | [juty masası] |
| | | |
| telefone (m) | telefon | [tælæfon] |
| telemóvel (m) | cep telefonu | [dʒæp tælæfonu] |
| máquina (f) de escrever | daktilo | [daktilo] |

| | | |
|---|---|---|
| máquina (f) de costura | **dikiş makinesi** | [dikiʃ makinæsi] |
| microfone (m) | **mikrofon** | [mikrofon] |
| auscultadores (m pl) | **kulaklık** | [kulaklık] |
| controlo remoto (m) | **uzaktan kumanda** | [uzaktan kumanda] |
| | | |
| CD (m) | **CD** | [sidi] |
| cassete (f) | **teyp kaseti** | [tæjp kasæti] |
| disco (m) de vinil | **vinil plak** | [vinil plak] |

BOOKS

# A TERRA. TEMPO

**T&P Books Publishing**

## 74. Espaço sideral

| | | |
|---|---|---|
| cosmos (m) | uzay, evren | [uzaj], [ævræn] |
| cósmico | uzay | [uzaj] |
| espaço (m) cósmico | feza | [fæza] |
| mundo (m) | kainat | [kajnat] |
| universo (m) | evren | [ævræn] |
| galáxia (f) | galaksi | [galaksi] |
| estrela (f) | yıldız | [jɪldɪz] |
| constelação (f) | takımyıldız | [takɪmjɪldɪz] |
| planeta (m) | gezegen | [gæzægæn] |
| satélite (m) | uydu | [ujdu] |
| meteorito (m) | göktaşı | [gøktaʃɪ] |
| cometa (m) | kuyruklu yıldız | [kujruklu jɪldɪz] |
| asteroide (m) | asteroit | [astæroit] |
| órbita (f) | yörünge | [joryŋæ] |
| girar (vi) | dönmek | [dønmæk] |
| atmosfera (f) | atmosfer | [atmosfær] |
| Sol (m) | Güneş | [gynæʃ] |
| Sistema (m) Solar | Güneş sistemi | [gynæʃ sistæmi] |
| eclipse (m) solar | Güneş tutulması | [gynæʃ tutulması] |
| Terra (f) | Dünya | [dyŋja] |
| Lua (f) | Ay | [aj] |
| Marte (m) | Mars | [mars] |
| Vénus (m) | Venüs | [vænys] |
| Júpiter (m) | Jüpiter | [ʒupitær] |
| Saturno (m) | Satürn | [satyrn] |
| Mercúrio (m) | Merkür | [mærkyr] |
| Urano (m) | Uranüs | [uranys] |
| Neptuno (m) | Neptün | [næptyn] |
| Plutão (m) | Plüton | [plyton] |
| Via Láctea (f) | Samanyolu | [samaɲolu] |
| Ursa Maior (f) | Büyükayı | [byjuk ajɪ] |
| Estrela Polar (f) | Kutup yıldızı | [kutup jɪldɪzɪ] |
| marciano (m) | Merihli | [mærihli] |
| extraterrestre (m) | uzaylı | [uzajlɪ] |
| alienígena (m) | uzaylı | [uzajlɪ] |

| | | |
|---|---|---|
| disco (m) voador | uçan daire | [utʃan dairæ] |
| nave (f) espacial | uzay gemisi | [uzaj gæmisi] |
| estação (f) orbital | yörünge istasyonu | [joryŋæ istasʲonu] |
| lançamento (m) | uzaya fırlatma | [uzaja fırlatma] |
| | | |
| motor (m) | motor | [motor] |
| bocal (m) | roket meme | [rokæt mæmæ] |
| combustível (m) | yakıt | [jakıt] |
| | | |
| cabine (f) | kabin | [kabin] |
| antena (f) | anten | [antæn] |
| vigia (f) | lombar | [lombar] |
| bateria (f) solar | güneş pili | [gynæʃ pili] |
| traje (m) espacial | uzay elbisesi | [uzaj æʎbisæsi] |
| | | |
| imponderabilidade (f) | ağırlıksızlık | [aırlıksızlık] |
| oxigénio (m) | oksijen | [oksiʒæn] |
| | | |
| acoplagem (f) | uzayda kenetlenme | [uzajda kænætlænmæ] |
| fazer uma acoplagem | kenetlenmek | [kænætlænmæk] |
| | | |
| observatório (m) | gözlemevi | [gøzlæmævi] |
| telescópio (m) | teleskop | [tælæskop] |
| observar (vt) | gözlemlemek | [gøzlæmlæmæk] |
| explorar (vt) | araştırmak | [araʃtırmak] |

## 75. A Terra

| | | |
|---|---|---|
| Terra (f) | Dünya | [dyɲja] |
| globo terrestre (Terra) | yerküre | [jærkyræ] |
| planeta (m) | gezegen | [gæzægæn] |
| | | |
| atmosfera (f) | atmosfer | [atmosfær] |
| geografia (f) | coğrafya | [dʒorafja] |
| natureza (f) | doğa | [doa] |
| | | |
| globo (mapa esférico) | yerküre | [jærkyræ] |
| mapa (m) | harita | [harita] |
| atlas (m) | atlas | [atlas] |
| | | |
| Europa (f) | Avrupa | [avrupa] |
| Ásia (f) | Asya | [asja] |
| África (f) | Afrika | [afrika] |
| Austrália (f) | Avustralya | [avustraʎja] |
| | | |
| América (f) | Amerika | [amærika] |
| América (f) do Norte | Kuzey Amerika | [kuzæj amærika] |
| América (f) do Sul | Güney Amerika | [gynæj amærika] |
| Antártida (f) | Antarktik | [antarktik] |
| Ártico (m) | Arktik | [arktik] |

## 76. Pontos cardeais

| | | |
|---|---|---|
| norte (m) | **kuzey** | [kuzæj] |
| para norte | **kuzeye** | [kuzæjæ] |
| no norte | **kuzeyde** | [kuzæjdæ] |
| do norte | **kuzey** | [kuzæj] |
| | | |
| sul (m) | **güney** | [gynæj] |
| para sul | **güneye** | [gynæjæ] |
| no sul | **güneyde** | [gynæjdæ] |
| do sul | **güney** | [gynæj] |
| | | |
| oeste, ocidente (m) | **batı** | [batı] |
| para oeste | **batıya** | [batıja] |
| no oeste | **batıda** | [batıda] |
| ocidental | **batı** | [batı] |
| | | |
| leste, oriente (m) | **doğu** | [dou] |
| para leste | **doğuya** | [douja] |
| no leste | **doğuda** | [douda] |
| oriental | **doğu** | [dou] |

## 77. Mar. Oceano

| | | |
|---|---|---|
| mar (m) | **deniz** | [dæniz] |
| oceano (m) | **okyanus** | [okjanus] |
| golfo (m) | **körfez** | [kørfæz] |
| estreito (m) | **boğaz** | [boaz] |
| | | |
| continente (m) | **kıta** | [kıta] |
| ilha (f) | **ada** | [ada] |
| península (f) | **yarımada** | [jarımada] |
| arquipélago (m) | **takımada** | [takımada] |
| | | |
| baía (f) | **koy** | [koj] |
| porto (m) | **liman** | [liman] |
| lagoa (f) | **deniz kulağı** | [dæniz kulaı] |
| cabo (m) | **burun** | [burun] |
| | | |
| atol (m) | **atol** | [atol] |
| recife (m) | **resif** | [ræsif] |
| coral (m) | **mercan** | [mærdʒan] |
| recife (m) de coral | **mercan kayalığı** | [mærdʒan kajalı:] |
| | | |
| profundo | **derin** | [dærin] |
| profundidade (f) | **derinlik** | [dærinlik] |
| abismo (m) | **uçurum** | [utʃurum] |
| fossa (f) oceânica | **çukur** | [tʃukur] |
| corrente (f) | **akıntı** | [akıntı] |

| banhar (vt) | çevrelemek | [tʃævrælæmæk] |
| litoral (m) | kıyı | [kɪjɪ] |
| costa (f) | kıyı, sahil | [kɪjɪ], [sahil] |

| maré (f) alta | kabarma | [kabarma] |
| maré (f) baixa | cezir | [dʒæzir] |
| restinga (f) | sığlık | [sɪːlɪk] |
| fundo (m) | dip | [dip] |

| onda (f) | dalga | [dalga] |
| crista (f) da onda | dağ sırtı | [daɪ sɪrtɪ] |
| espuma (f) | köpük | [køpyk] |

| tempestade (f) | fırtına | [fɪrtɪna] |
| furacão (m) | kasırga | [kasɪrga] |
| tsunami (m) | tsunami | [tsunami] |
| calmaria (f) | limanlık | [limanlɪk] |
| calmo | sakin | [sakin] |

| polo (m) | kutup | [kutup] |
| polar | kutuplu | [kutuplu] |

| latitude (f) | enlem | [ænlæm] |
| longitude (f) | boylam | [bojlam] |
| paralela (f) | paralel | [paralæʎ] |
| equador (m) | ekvator | [ækvator] |

| céu (m) | gök | [gøk] |
| horizonte (m) | ufuk | [ufuk] |
| ar (m) | hava | [hava] |

| farol (m) | deniz feneri | [dæniz fænæri] |
| mergulhar (vi) | dalmak | [dalmak] |
| afundar-se (vp) | batmak | [batmak] |
| tesouros (m pl) | hazine | [hazinæ] |

## 78. Nomes de Mares e Oceanos

| Oceano (m) Atlântico | Atlas Okyanusu | [atlas okjanusu] |
| Oceano (m) Índico | Hint Okyanusu | [hint okjanusu] |
| Oceano (m) Pacífico | Pasifik Okyanusu | [pasifik okjanusu] |
| Oceano (m) Ártico | Kuzey Buz Denizi | [kuzæj buz dænizi] |

| Mar (m) Negro | Karadeniz | [karadæniz] |
| Mar (m) Vermelho | Kızıldeniz | [kɪzɪldæniz] |
| Mar (m) Amarelo | Sarı Deniz | [sarɪ dæniz] |
| Mar (m) Branco | Beyaz Deniz | [bæjaz dæniz] |

| Mar (m) Cáspio | Hazar Denizi | [hazar dænizi] |
| Mar (m) Morto | Ölüdeniz | [ølydæniz] |

| Mar (m) Mediterrâneo | Akdeniz | [akdæniz] |
| Mar (m) Egeu | Ege Denizi | [ægæ dænizi] |
| Mar (m) Adriático | Adriyatik Denizi | [adrijatik dænizi] |

| Mar (m) Arábico | Umman Denizi | [umman dænizi] |
| Mar (m) do Japão | Japon Denizi | [ʒapon dænizi] |
| Mar (m) de Bering | Bering Denizi | [bæriŋ dænizi] |
| Mar (m) da China Meridional | Güney Çin Denizi | [gynæj tʃin dænizi] |

| Mar (m) de Coral | Mercan Denizi | [mærdʒan dænizi] |
| Mar (m) de Tasman | Tasman Denizi | [tasman dænizi] |
| Mar (m) do Caribe | Karayip Denizi | [karaip dænizi] |

| Mar (m) de Barents | Barents Denizi | [barænts dænizi] |
| Mar (m) de Kara | Kara Denizi | [kara dænizi] |

| Mar (m) do Norte | Kuzey Denizi | [kuzæj dænizi] |
| Mar (m) Báltico | Baltık Denizi | [baltık dænizi] |
| Mar (m) da Noruega | Norveç Denizi | [norvætʃ dænizi] |

## 79. Montanhas

| montanha (f) | dağ | [da:] |
| cordilheira (f) | dağ silsilesi | [da: silsilæsi] |
| serra (f) | sıradağlar | [sırada:lar] |

| cume (m) | zirve | [zirvæ] |
| pico (m) | doruk, zirve | [doruk], [zirvæ] |
| sopé (m) | etek | [ætæk] |
| declive (m) | yamaç | [jamatʃ] |

| vulcão (m) | yanardağ | [janarda:] |
| vulcão (m) ativo | faal yanardağ | [fa:ʎ janarda:] |
| vulcão (m) extinto | sönmüş yanardağ | [sønmyʃ janarda:] |

| erupção (f) | püskürme | [pyskyrmæ] |
| cratera (f) | yanardağ ağzı | [janarda: a:zı] |
| magma (m) | magma | [magma] |
| lava (f) | lav | [lav] |
| fundido (lava ~a) | kızgın | [kızgın] |

| desfiladeiro (m) | kanyon | [kaɲˈon] |
| garganta (f) | boğaz | [boaz] |
| fenda (f) | dere | [dæræ] |
| precipício (m) | uçurum | [utʃurum] |

| passo, colo (m) | dağ geçidi | [da: gætʃidi] |
| planalto (m) | yayla | [jajla] |
| falésia (f) | kaya | [kaja] |

| colina (f) | tepe | [tæpæ] |
| glaciar (m) | buzluk | [buzluk] |
| queda (f) d'água | şelâle | [ʃælalæ] |
| géiser (m) | gayzer | [gajzær] |
| lago (m) | göl | [gøʎ] |
| | | |
| planície (f) | ova | [ova] |
| paisagem (f) | manzara | [manzara] |
| eco (m) | yankı | [jaŋkı] |
| | | |
| alpinista (m) | dağcı, alpinist | [da:dʒı], [alpinist] |
| escalador (m) | dağcı | [da:dʒı] |
| conquistar (vt) | fethetmek | [fæthætmæk] |
| subida, escalada (f) | tırmanma | [tırmanma] |

## 80. Nomes de montanhas

| Alpes (m pl) | Alp Dağları | [aʎp da:ları] |
| monte Branco (m) | Mont Blanc | [mont blan] |
| Pirineus (m pl) | Pireneler | [pirinælær] |
| | | |
| Cárpatos (m pl) | Karpatlar | [karpatlar] |
| montes (m pl) Urais | Ural Dağları | [ural da:ları] |
| Cáucaso (m) | Kafkasya | [kafkasja] |
| Elbrus (m) | Elbruz Dağı | [ælbrus da:ı] |
| | | |
| Altai (m) | Altay | [altaj] |
| Tian Shan (m) | Tien-şan | [tʲæn ʃan] |
| Pamir (m) | Pamir | [pamir] |
| Himalaias (m pl) | Himalaya Dağları | [himalaja da:ları] |
| monte (m) Everest | Everest Dağı | [æværæst da:ı] |
| | | |
| Cordilheira (f) dos Andes | And Dağları | [and da:ları] |
| Kilimanjaro (m) | Kilimanjaro | [kilimandʒaro] |

## 81. Rios

| rio (m) | nehir, ırmak | [næhir], [ırmak] |
| fonte, nascente (f) | kaynak | [kajnak] |
| leito (m) do rio | nehir yatağı | [næhir jataı] |
| bacia (f) | havza | [havza] |
| desaguar no ... | ... dökülmek | [døkyʎmæk] |
| | | |
| afluente (m) | kol | [kol] |
| margem (do rio) | sahil | [sahiʎ] |
| | | |
| corrente (f) | akıntı | [akıntı] |
| rio abaixo | nehir boyunca | [næhir bojundʒa] |

| | | |
|---|---|---|
| rio acima | nehirden yukarı | [næhirdæn jukarı] |
| inundação (f) | taşkın | [taʃkın] |
| cheia (f) | nehrin taşması | [næhrin taʃması] |
| transbordar (vi) | taşmak | [taʃmak] |
| inundar (vt) | su basmak | [su basmak] |
| | | |
| baixio (m) | sığlık | [sı:lık] |
| rápidos (m pl) | nehrin akıntılı yeri | [næhrin akıntılı jæri] |
| | | |
| barragem (f) | baraj | [baraʒ] |
| canal (m) | kanal | [kanal] |
| reservatório (m) de água | baraj gölü | [baraʒ gøly] |
| esclusa (f) | alavere havuzu | [alaværæ havuzu] |
| | | |
| corpo (m) de água | su birikintisi | [su birikintisi] |
| pântano (m) | bataklık | [bataklık] |
| tremedal (m) | bataklık arazi | [bataklık arazi] |
| remoinho (m) | girdap | [girdap] |
| | | |
| arroio, regato (m) | dere | [dæræ] |
| potável | içilir | [itʃilir] |
| doce (água) | tatlı | [tatlı] |
| | | |
| gelo (m) | buz | [buz] |
| congelar-se (vp) | buz tutmak | [buz tutmak] |

## 82. Nomes de rios

| | | |
|---|---|---|
| rio Sena (m) | Sen nehri | [sæn næhri] |
| rio Loire (m) | Loire nehri | [luara næhri] |
| | | |
| rio Tamisa (m) | Thames nehri | [tæmz næhri] |
| rio Reno (m) | Ren nehri | [ræn næhri] |
| rio Danúbio (m) | Tuna nehri | [tuna næhri] |
| | | |
| rio Volga (m) | Volga nehri | [volga næhri] |
| rio Don (m) | Don nehri | [don næhri] |
| rio Lena (m) | Lena nehri | [læna næhri] |
| | | |
| rio Amarelo (m) | Sarı Irmak | [sarı ırmak] |
| rio Yangtzé (m) | Yangçe nehri | [jantʃæ næhri] |
| rio Mekong (m) | Mekong nehri | [mækoŋ næhri] |
| rio Ganges (m) | Ganj nehri | [ganʒ næhri] |
| | | |
| rio Nilo (m) | Nil nehri | [nil næhri] |
| rio Congo (m) | Kongo nehri | [koŋo næhri] |
| rio Cubango (m) | Okavango nehri | [okavaŋo næhri] |
| rio Zambeze (m) | Zambezi nehri | [zambæzi næhri] |
| rio Limpopo (m) | Limpopo nehri | [limpopo næhri] |
| rio Mississipi (m) | Mississippi nehri | [misisipi næhri] |

## 83. Floresta

| | | |
|---|---|---|
| floresta (f), bosque (m) | **orman** | [orman] |
| florestal | **orman** | [orman] |
| | | |
| mata (f) cerrada | **kesif orman** | [kæsif orman] |
| arvoredo (m) | **koru, ağaçlık** | [koru], [aːtʃlık] |
| clareira (f) | **ormanda açıklığı** | [ormanda atʃıklıː] |
| | | |
| matagal (f) | **sık ağaçlık** | [ʃık aːtʃlık] |
| mato (m) | **çalılık** | [tʃalılık] |
| | | |
| vereda (f) | **keçi yolu** | [kætʃi jolu] |
| ravina (f) | **sel yatağı** | [sæl jataı] |
| | | |
| árvore (f) | **ağaç** | [aːtʃ] |
| folha (f) | **yaprak** | [japrak] |
| folhagem (f) | **yapraklar** | [japraklar] |
| | | |
| queda (f) das folha | **yaprak dökümü** | [japrak døkymy] |
| cair (vi) | **dökülmek** | [døkyʌmæk] |
| topo (m) | **ağacın tepesi** | [aːdʒin tæpæsi] |
| | | |
| ramo (m) | **dal** | [dal] |
| galho (m) | **ağaç dalı** | [aːtʃ dalı] |
| botão, rebento (m) | **tomurcuk** | [tomurdʒuk] |
| agulha (f) | **iğne yaprak** | [iːnæ japrak] |
| pinha (f) | **kozalak** | [kozalak] |
| | | |
| buraco (m) de árvore | **kovuk** | [kovuk] |
| ninho (m) | **yuva** | [juva] |
| toca (f) | **in** | [in] |
| | | |
| tronco (m) | **gövde** | [gøvdæ] |
| raiz (f) | **kök** | [køk] |
| casca (f) de árvore | **kabuk** | [kabuk] |
| musgo (m) | **yosun** | [josun] |
| | | |
| arrancar pela raiz | **kökünden sökmek** | [køkyndæn søkmæk] |
| cortar (vt) | **kesmek** | [kæsmæk] |
| desflorestar (vt) | **ağaçları yok etmek** | [aːtʃları jok ætmæk] |
| toco, cepo (m) | **kütük** | [kytyk] |
| | | |
| fogueira (f) | **kamp ateşi** | [kamp atæʃi] |
| incêndio (m) florestal | **yangın** | [jaŋın] |
| apagar (vt) | **söndürmek** | [søndyrmæk] |
| | | |
| guarda-florestal (m) | **orman bekçisi** | [orman bæktʃisi] |
| proteção (f) | **koruma** | [koruma] |
| proteger (a natureza) | **korumak** | [korumak] |
| caçador (m) furtivo | **kaçak avcı** | [katʃak avdʒı] |

| | | |
|---|---|---|
| armadilha (f) | **kapan** | [kapan] |
| colher (cogumelos, bagas) | **toplamak** | [toplamak] |
| perder-se (vp) | **yolunu kaybetmek** | [jolunu kajbætmæk] |

## 84. Recursos naturais

| | | |
|---|---|---|
| recursos (m pl) naturais | **doğal kaynaklar** | [doal kajnaklar] |
| minerais (m pl) | **madensel maddeler** | [madænsæl maddælær] |
| depósitos (m pl) | **katman** | [katman] |
| jazida (f) | **yatak** | [jatak] |
| | | |
| extrair (vt) | **çıkarmak** | [tʃıkarmak] |
| extração (f) | **maden çıkarma** | [madæn tʃıkarma] |
| minério (m) | **filiz** | [filiz] |
| mina (f) | **maden ocağı** | [madæn odʒaı] |
| poço (m) de mina | **kuyu** | [kuju] |
| mineiro (m) | **maden işçisi** | [madæn iʃtʃisi] |
| | | |
| gás (m) | **gaz** | [gaz] |
| gasoduto (m) | **gaz boru hattı** | [gaz boru hattı] |
| | | |
| petróleo (m) | **petrol** | [pætrol] |
| oleoduto (m) | **petrol boru hattı** | [pætrol boru hattı] |
| poço (m) de petróleo | **petrol kulesi** | [pætrol kulæsi] |
| torre (f) petrolífera | **sondaj kulesi** | [sondaʒ kulæsi] |
| petroleiro (m) | **tanker** | [taŋkær] |
| | | |
| areia (f) | **kum** | [kum] |
| calcário (m) | **kireçtaşı** | [kirætʃtaʃı] |
| cascalho (m) | **çakıl** | [tʃakılı] |
| turfa (f) | **turba** | [turba] |
| argila (f) | **kil** | [kiʎ] |
| carvão (m) | **kömür** | [kømyr] |
| | | |
| ferro (m) | **demir** | [dæmir] |
| ouro (m) | **altın** | [altın] |
| prata (f) | **gümüş** | [gymyʃ] |
| níquel (m) | **nikel** | [nikæʎ] |
| cobre (m) | **bakır** | [bakır] |
| | | |
| zinco (m) | **çinko** | [tʃiŋko] |
| manganês (m) | **manganez** | [maŋanæz] |
| | | |
| mercúrio (m) | **cıva** | [dʒıva] |
| chumbo (m) | **kurşun** | [kurʃun] |
| | | |
| mineral (m) | **mineral** | [minæral] |
| cristal (m) | **billur** | [billyr] |
| mármore (m) | **mermer** | [mærmær] |
| urânio (m) | **uranyum** | [uraɲium] |

## 85. Tempo

| | | |
|---|---|---|
| tempo (m) | hava | [hava] |
| previsão (f) do tempo | hava tahmini | [hava tahmini] |
| temperatura (f) | sıcaklık | [sɪdʒaklık] |
| termómetro (m) | termometre | [tærmomætræ] |
| barómetro (m) | barometre | [baromætræ] |
| | | |
| humidade (f) | nem | [næm] |
| calor (m) | sıcaklık | [sɪdʒaklık] |
| cálido | sıcak | [sɪdʒak] |
| está muito calor | hava sıcak | [hava sɪdʒak] |
| | | |
| está calor | hava ılık | [hava ılık] |
| quente | ılık | [ılık] |
| | | |
| está frio | hava soğuk | [hava souk] |
| frio | soğuk | [souk] |
| | | |
| sol (m) | güneş | [gynæʃ] |
| brilhar (vi) | ışık vermek | [ıʃık værmæk] |
| de sol, ensolarado | güneşli | [gynæʃli] |
| nascer (vi) | doğmak | [do:mak] |
| pôr-se (vp) | batmak | [batmak] |
| nuvem (f) | bulut | [bulut] |
| nublado | bulutlu | [bulutlu] |
| nuvem (f) negra | yağmur bulutu | [ja:mur bulutu] |
| escuro, cinzento | kapalı | [kapalı] |
| | | |
| chuva (f) | yağmur | [ja:mur] |
| está a chover | yağmur yağıyor | [ja:mur jaıjor] |
| chuvoso | yağmurlu | [ja:murlu] |
| chuviscar (vi) | çiselemek | [tʃisælæmæk] |
| | | |
| chuva (f) torrencial | sağanak | [sa:nak] |
| chuvada (f) | şiddetli yağmur | [ʃiddætli ja:mur] |
| forte (chuva) | şiddetli, zorlu | [ʃiddætli], [zorlu] |
| poça (f) | su birikintisi | [su birikintisi] |
| molhar-se (vp) | ıslanmak | [ıslanmak] |
| | | |
| nevoeiro (m) | sis, duman | [sis], [duman] |
| de nevoeiro | sisli | [sisli] |
| neve (f) | kar | [kar] |
| está a nevar | kar yağıyor | [kar jaıjor] |

## 86. Tempo extremo. Catástrofes naturais

| | | |
|---|---|---|
| trovoada (f) | fırtına | [fırtına] |
| relâmpago (m) | şimşek | [ʃimʃæk] |

| | | |
|---|---|---|
| relampejar (vi) | **çakmak** | [tʃakmak] |
| trovão (m) | **gök gürültüsü** | [gøk gyryltysy] |
| trovejar (vi) | **gürlemek** | [gyrlæmæk] |
| está a trovejar | **gök gürlüyor** | [gøk gyrlyjor] |
| | | |
| granizo (m) | **dolu** | [dolu] |
| está a cair granizo | **dolu yağıyor** | [dolu jaıjor] |
| | | |
| inundar (vt) | **su basmak** | [su basmak] |
| inundação (f) | **taşkın** | [taʃkın] |
| | | |
| terremoto (m) | **deprem** | [dæpræm] |
| abalo, tremor (m) | **sarsıntı** | [sarsıntı] |
| epicentro (m) | **deprem merkezi** | [dæpræm mærkæzi] |
| | | |
| erupção (f) | **püskürme** | [pyskyrmæ] |
| lava (f) | **lav** | [lav] |
| | | |
| turbilhão (m) | **hortum** | [hortum] |
| tornado (m) | **kasırga** | [kasırga] |
| tufão (m) | **tayfun** | [tajfun] |
| | | |
| furacão (m) | **kasırga** | [kasırga] |
| tempestade (f) | **fırtına** | [fırtına] |
| tsunami (m) | **tsunami** | [ʦunami] |
| | | |
| ciclone (m) | **siklon** | [siklon] |
| mau tempo (m) | **kötü hava** | [køty hava] |
| incêndio (m) | **yangın** | [jaŋın] |
| catástrofe (f) | **felaket** | [fæʎakæt] |
| meteorito (m) | **göktaşı** | [gøktaʃı] |
| | | |
| avalanche (f) | **çığ** | [tʃı:] |
| deslizamento (f) de neve | **çığ** | [tʃı:] |
| nevasca (f) | **tipi** | [tipi] |
| tempestade (f) de neve | **kar fırtınası** | [kar fırtınası] |

# FAUNA

T&P Books Publishing

## 87. Mamíferos. Predadores

| | | |
|---|---|---|
| predador (m) | **yırtıcı hayvan** | [jɪrtɪdʒɪ hajvan] |
| tigre (m) | **kaplan** | [kaplan] |
| leão (m) | **aslan** | [aslan] |
| lobo (m) | **kurt** | [kurt] |
| raposa (f) | **tilki** | [tiʎki] |
| | | |
| jaguar (m) | **jagar, jaguar** | [ʒagar] |
| leopardo (m) | **leopar** | [læopar] |
| chita (f) | **çita** | [tʃita] |
| | | |
| pantera (f) | **panter** | [pantær] |
| puma (m) | **puma** | [puma] |
| leopardo-das-neves (m) | **kar leoparı** | [kar læoparı] |
| lince (m) | **vaşak** | [vaʃak] |
| | | |
| coiote (m) | **kır kurdu** | [kır kurdu] |
| chacal (m) | **çakal** | [tʃakal] |
| hiena (f) | **sırtlan** | [sırtlan] |

## 88. Animais selvagens

| | | |
|---|---|---|
| animal (m) | **hayvan** | [hajvan] |
| besta (f) | **vahşi hayvan** | [vahʃi hajvan] |
| | | |
| esquilo (m) | **sincap** | [sindʒap] |
| ouriço (m) | **kirpi** | [kirpi] |
| lebre (f) | **yabani tavşan** | [jabani tavʃan] |
| coelho (m) | **tavşan** | [tavʃan] |
| | | |
| texugo (m) | **porsuk** | [porsuk] |
| guaxinim (m) | **rakun** | [rakun] |
| hamster (m) | **cırlak sıçan** | [dʒirlak sıtʃan] |
| marmota (f) | **dağ sıçanı** | [da: sıtʃanı] |
| | | |
| toupeira (f) | **köstebek** | [køstæbæk] |
| rato (m) | **fare** | [faræ] |
| ratazana (f) | **sıçan** | [sıtʃan] |
| morcego (m) | **yarasa** | [jarasa] |
| | | |
| arminho (m) | **kakım** | [kakım] |
| zibelina (f) | **samur** | [samur] |
| marta (f) | **ağaç sansarı** | [a:tʃ sansarı] |

| | | |
|---|---|---|
| doninha (f) | gelincik | [gælindʒik] |
| vison (m) | vizon | [vizon] |
| | | |
| castor (m) | kunduz | [kunduz] |
| lontra (f) | su samuru | [su samuru] |
| | | |
| cavalo (m) | at | [at] |
| alce (m) americano | Avrupa musu | [avrupa musu] |
| veado (m) | geyik | [gæjɪk] |
| camelo (m) | deve | [dævæ] |
| | | |
| bisão (m) | bizon | [bizon] |
| auroque (m) | Avrupa bizonu | [avrupa bizonu] |
| búfalo (m) | manda | [manda] |
| | | |
| zebra (f) | zebra | [zæbra] |
| antílope (m) | antilop | [antilop] |
| corça (f) | karaca | [karadʒa] |
| gamo (m) | alageyik | [alagæjɪk] |
| camurça (f) | dağ keçisi | [da: kætʃisi] |
| javali (m) | yaban domuzu | [jaban domuzu] |
| | | |
| baleia (f) | balina | [balina] |
| foca (f) | fok | [fok] |
| morsa (f) | mors | [mors] |
| urso-marinho (m) | kürklü fok balığı | [kyrkly fok balı:] |
| golfinho (m) | yunus | [junus] |
| | | |
| urso (m) | ayı | [ajɪ] |
| urso (m) branco | beyaz ayı | [bæjaz ajɪ] |
| panda (m) | panda | [panda] |
| | | |
| macaco (em geral) | maymun | [majmun] |
| chimpanzé (m) | şempanze | [ʃæmpanzæ] |
| orangotango (m) | orangutan | [oraɲutan] |
| gorila (m) | goril | [goriʎ] |
| macaco (m) | makak | [makak] |
| gibão (m) | jibon | [ʒibon] |
| | | |
| elefante (m) | fil | [fiʎ] |
| rinoceronte (m) | gergedan | [gærgædan] |
| | | |
| girafa (f) | zürafa | [zyrafa] |
| hipopótamo (m) | su aygırı | [su ajgırı] |
| | | |
| canguru (m) | kanguru | [kaɲuru] |
| coala (m) | koala | [koala] |
| | | |
| mangusto (m) | firavunfaresi | [fɪravunfaræsi] |
| chinchila (f) | şinşilla | [ʃinʃilla] |
| doninha-fedorenta (f) | kokarca | [kokardʒa] |
| porco-espinho (m) | oklukirpi | [oklukirpi] |

## 89. Animais domésticos

| | | |
|---|---|---|
| gata (f) | kedi | [kædi] |
| gato (m) macho | erkek kedi | [ærkæk kædi] |
| | | |
| cavalo (m) | at | [at] |
| garanhão (m) | aygır | [ajgır] |
| égua (f) | kısrak | [kısrak] |
| | | |
| vaca (f) | inek | [inæk] |
| touro (m) | boğa | [boa] |
| boi (m) | öküz | [økyz] |
| | | |
| ovelha (f) | koyun | [kojun] |
| carneiro (m) | koç | [kotʃ] |
| cabra (f) | keçi | [kætʃi] |
| bode (m) | teke | [tækæ] |
| | | |
| burro (m) | eşek | [æʃæk] |
| mula (f) | katır | [katır] |
| | | |
| porco (m) | domuz | [domuz] |
| porquinho (m) | domuz yavrusu | [domuz javrusu] |
| coelho (m) | tavşan | [tavʃan] |
| | | |
| galinha (f) | tavuk | [tavuk] |
| galo (m) | horoz | [horoz] |
| | | |
| pato (m), pata (f) | ördek | [ørdæk] |
| pato (macho) | suna | [suna] |
| ganso (m) | kaz | [kaz] |
| | | |
| peru (m) | erkek hindi | [ærkæk hindi] |
| perua (f) | dişi hindi | [diʃi hindi] |
| | | |
| animais (m pl) domésticos | evcil hayvanlar | [ævdʒiʎ hajvanlar] |
| domesticado | evcil | [ævdʒiʎ] |
| domesticar (vt) | evcilleştirmek | [ævdʒillæʃtirmæk] |
| criar (vt) | yetiştirmek | [jætiʃtirmæk] |
| | | |
| quinta (f) | çiftlik | [tʃiftlik] |
| aves (f pl) domésticas | kümse hayvanları | [kymsæ hajvanları] |
| | | |
| gado (m) | çiftlik hayvanları | [tʃiftlik hajvanları] |
| rebanho (m), manada (f) | sürü | [syry] |
| | | |
| estábulo (m) | ahır | [ahır] |
| pocilga (f) | domuz ahırı | [domuz ahırı] |
| vacaria (m) | inek ahırı | [inæk ahırı] |
| coelheira (f) | tavşan kafesi | [tavʃan kafæsi] |
| galinheiro (m) | tavuk kümesi | [tavuk kymæsi] |

## 90. Pássaros

| | | |
|---|---|---|
| pássaro, ave (m) | **kuş** | [kuʃ] |
| pombo (m) | **güvercin** | [gyværdʒin] |
| pardal (m) | **serçe** | [særtʃæ] |
| chapim-real (m) | **baştankara** | [baʃtaŋkara] |
| pega-rabuda (f) | **saksağan** | [saksaːn] |
| | | |
| corvo (m) | **kara karga, kuzgun** | [kara karga], [kuzgun] |
| gralha (f) cinzenta | **karga** | [karga] |
| gralha-de-nuca-cinzenta (f) | **küçük karga** | [kytʃuk karga] |
| gralha-calva (f) | **ekin kargası** | [ækin kargası] |
| | | |
| pato (m) | **ördek** | [ørdæk] |
| ganso (m) | **kaz** | [kaz] |
| faisão (m) | **sülün** | [sylyn] |
| | | |
| águia (f) | **kartal** | [kartal] |
| açor (m) | **atmaca** | [atmadʒa] |
| falcão (m) | **doğan** | [doan] |
| abutre (m) | **akbaba** | [akbaba] |
| condor (m) | **kondor** | [kondor] |
| | | |
| cisne (m) | **kuğu** | [kuː] |
| grou (m) | **turna** | [turna] |
| cegonha (f) | **leylek** | [læjlæk] |
| | | |
| papagaio (m) | **papağan** | [papaːn] |
| beija-flor (m) | **sinekkuşu** | [sinæk kuʃu] |
| pavão (m) | **tavus** | [tavus] |
| | | |
| avestruz (f) | **deve kuşu** | [dævæ kuʃu] |
| garça (f) | **balıkçıl** | [balıktʃil] |
| flamingo (m) | **flamingo** | [flamiŋo] |
| pelicano (m) | **pelikan** | [pælikan] |
| | | |
| rouxinol (m) | **bülbül** | [byʎbyʎ] |
| andorinha (f) | **kırlangıç** | [kırlaŋıtʃ] |
| | | |
| tordo-zornal (m) | **ardıç kuşu** | [ardıtʃ kuʃu] |
| tordo-músico (m) | **öter ardıç kuşu** | [øtær ardıtʃ kuʃu] |
| melro-preto (m) | **karatavuk** | [kara tavuk] |
| | | |
| andorinhão (m) | **sağan** | [saːn] |
| cotovia (f) | **toygar** | [tojgar] |
| codorna (f) | **bıldırcın** | [bıldırdʒın] |
| | | |
| pica-pau (m) | **ağaçkakan** | [aːtʃkakan] |
| cuco (m) | **guguk** | [guguk] |
| coruja (f) | **baykuş** | [bajkuʃ] |
| corujão, bufo (m) | **puhu kuşu** | [puhu kuʃu] |

| | | |
|---|---|---|
| tetraz-grande (m) | **çalıhorozu** | [ʧalɪ horozu] |
| tetraz-lira (m) | **kayın tavuğu** | [kajɪn tavu:] |
| perdiz-cinzenta (f) | **keklik** | [kæklik] |
| | | |
| estorninho (m) | **sığırcık** | [sɪjɪrdʒɪk] |
| canário (m) | **kanarya** | [kanarja] |
| galinha-do-mato (f) | **çil** | [ʧiʎ] |
| tentilhão (m) | **ispinoz** | [ispinoz] |
| dom-fafe (m) | **şakrak kuşu** | [ʃakrak kuʃu] |
| | | |
| gaivota (f) | **martı** | [martɪ] |
| albatroz (m) | **albatros** | [aʎbatros] |
| pinguim (m) | **penguen** | [pæŋuæn] |

## 91. Peixes. Animais marinhos

| | | |
|---|---|---|
| brema (f) | **çapak balığı** | [ʧapak balı:] |
| carpa (f) | **sazan** | [sazan] |
| perca (f) | **tatlı su levreği** | [tatlı su lævræi] |
| siluro (m) | **yayın** | [jajɪn] |
| lúcio (m) | **turna balığı** | [turna balı:] |
| | | |
| salmão (m) | **som balığı** | [som balı:] |
| esturjão (m) | **mersin balığı** | [mærsin balı:] |
| | | |
| arenque (m) | **ringa** | [riŋa] |
| salmão (m) | **som, somon** | [som], [somon] |
| cavala (m), sarda (f) | **uskumru** | [uskumru] |
| solha (f) | **kalkan** | [kalkan] |
| | | |
| zander (m) | **uzunlevrek** | [uzunlævræk] |
| bacalhau (m) | **morina balığı** | [morina balı:] |
| atum (m) | **ton balığı** | [ton balı:] |
| truta (f) | **alabalık** | [alabalɪk] |
| | | |
| enguia (f) | **yılan balığı** | [jɪlan balı:] |
| raia elétrica (f) | **torpilbalığı** | [torpil balı:] |
| moreia (f) | **murana** | [murana] |
| piranha (f) | **pirana** | [pirana] |
| | | |
| tubarão (m) | **köpek balığı** | [køpæk balı:] |
| golfinho (m) | **yunus** | [junus] |
| baleia (f) | **balina** | [balina] |
| | | |
| caranguejo (m) | **yengeç** | [jæŋæʧ] |
| medusa, alforreca (f) | **denizanası** | [dæniz anası] |
| polvo (m) | **ahtapot** | [ahtapot] |
| | | |
| estrela-do-mar (f) | **deniz yıldızı** | [dæniz jɪldɪzɪ] |
| ouriço-do-mar (m) | **deniz kirpisi** | [dæniz kirpisi] |

| cavalo-marinho (m) | **denizatı** | [dænizatı] |
| ostra (f) | **istiridye** | [istiridˈæ] |
| camarão (m) | **karides** | [karidæs] |
| lavagante (m) | **ıstakoz** | [ıstakoz] |
| lagosta (f) | **langust** | [laŋust] |

## 92. Amfíbios. Répteis

| serpente, cobra (f) | **yılan** | [jılan] |
| venenoso | **zehirli** | [zæhirli] |
| | | |
| víbora (f) | **engerek** | [æŋiræk] |
| cobra-capelo, naja (f) | **kobra** | [kobra] |
| piton (m) | **piton** | [piton] |
| jiboia (f) | **boa yılanı** | [boa jılanı] |
| | | |
| cobra-de-água (f) | **çayır yılanı** | [ʧajır jılanı] |
| cascavel (f) | **çıngıraklı yılan** | [ʧıŋgıraklı jılan] |
| anaconda (f) | **anakonda** | [anakonda] |
| | | |
| lagarto (m) | **kertenkele** | [kærtæŋkælæ] |
| iguana (f) | **iguana** | [iguana] |
| varano (m) | **varan** | [varan] |
| salamandra (f) | **salamandra** | [salamandra] |
| camaleão (m) | **bukalemun** | [bukalæmun] |
| escorpião (m) | **akrep** | [akræp] |
| | | |
| tartaruga (f) | **kaplumbağa** | [kaplumba:] |
| rã (f) | **kurbağa** | [kurba:] |
| sapo (m) | **kara kurbağa** | [kara kurba:] |
| crocodilo (m) | **timsah** | [timsah] |

## 93. Insetos

| inseto (m) | **böcek, haşere** | [bøʤæk], [haʃæræ] |
| borboleta (f) | **kelebek** | [kælæbæk] |
| formiga (f) | **karınca** | [karınʤa] |
| mosca (f) | **sinek** | [sinæk] |
| mosquito (m) | **sivri sinek** | [sivri sinæk] |
| escaravelho (m) | **böcek** | [bøʤæk] |
| | | |
| vespa (f) | **eşek arısı** | [æʃæk arısı] |
| abelha (f) | **arı** | [arı] |
| zangão (m) | **toprak yabanarısı** | [toprak jabanarası] |
| moscardo (m) | **at sineği** | [at sinæi] |
| | | |
| aranha (f) | **örümcek** | [ørymʤæk] |
| teia (f) de aranha | **örümcek ağı** | [ørymʤæk aı] |

| libélula (f) | kız böceği | [kız bødʒæi] |
| gafanhoto-do-campo (m) | çekirge | [tʃækirgæ] |
| traça (f) | pervane | [pærvanæ] |

| barata (f) | hamam böceği | [hamam bødʒæi] |
| carraça (f) | kene, sakırga | [kænæ], [sakırga] |
| pulga (f) | pire | [piræ] |
| borrachudo (m) | tatarcık | [tatardʒık] |

| gafanhoto (m) | çekirge | [tʃækirgæ] |
| caracol (m) | sümüklü böcek | [symykly bødʒæk] |
| grilo (m) | cırcırböceği | [dʒırdʒır bødʒæi] |
| pirilampo (m) | ateş böceği | [atæʃ bødʒæi] |
| joaninha (f) | uğur böceği | [u:r bødʒæi] |
| besouro (m) | mayıs böceği | [majıs bødʒæi] |

| sanguessuga (f) | sülük | [sylyk] |
| lagarta (f) | tırtıl | [tırtıl] |
| minhoca (f) | solucan | [soludʒan] |
| larva (f) | kurtçuk | [kurtʃuk] |

T&P BOOKS

# FLORA

T&P Books Publishing

| | | |
|---|---|---|
| árvore (f) | ağaç | [aːtʃ] |
| decídua | geniş yapraklı | [gæniʃ japraklı] |
| conífera | iğne yapraklı | [iːnæ japraklı] |
| perene | her dem taze | [hær dæm tazæ] |
| macieira (f) | elma ağacı | [æʎma aːdʒı] |
| pereira (f) | armut ağacı | [armut aːdʒı] |
| cerejeira (f) | kiraz ağacı | [kiraz aːdʒı] |
| ginjeira (f) | vişne ağacı | [viʃnæ aːdʒı] |
| ameixeira (f) | erik ağacı | [ærik aːdʒı] |
| bétula (f) | huş ağacı | [huʃ aːdʒı] |
| carvalho (m) | meşe | [mæʃæ] |
| tília (f) | ıhlamur | [ıhlamur] |
| choupo-tremedor (m) | titrek kavak | [titræk kavak] |
| bordo (m) | akça ağaç | [aktʃa aːtʃ] |
| espruce-europeu (m) | ladin ağacı | [ladin aːdʒı] |
| pinheiro (m) | çam ağacı | [tʃam aːdʒı] |
| alerce, lariço (m) | melez ağacı | [mælæz aːdʒı] |
| abeto (m) | köknar | [køknar] |
| cedro (m) | sedir | [sædir] |
| choupo, álamo (m) | kavak | [kavak] |
| tramazeira (f) | üvez ağacı | [juvæz aːdʒı] |
| salgueiro (m) | söğüt | [søjut] |
| amieiro (m) | kızılağaç | [kızılaːtʃ] |
| faia (f) | kayın | [kajın] |
| ulmeiro (m) | karaağaç | [kara aːtʃ] |
| freixo (m) | dişbudak ağacı | [diʃbudak aːdʒı] |
| castanheiro (m) | kestane | [kæstanæ] |
| magnólia (f) | manolya | [manoʎja] |
| palmeira (f) | palmiye | [paʎmijæ] |
| cipreste (m) | servi | [særvi] |
| embondeiro, baobá (m) | baobab ağacı | [baobab aːdʒı] |
| eucalipto (m) | okaliptüs | [okaliptys] |
| sequoia (f) | sekoya | [sækoja] |

## 95. Arbustos

| | | |
|---|---|---|
| arbusto (m) | çalı | [tʃalı] |
| arbusto (m), moita (f) | çalılık | [tʃalılık] |
| | | |
| videira (f) | üzüm | [juzym] |
| vinhedo (m) | bağ | [ba:] |
| | | |
| framboeseira (f) | ahududu | [ahududu] |
| groselheira-vermelha (f) | kırmızı frenk üzümü | [kırmızı fræŋk juzymy] |
| groselheira (f) espinhosa | bektaşi üzümü | [bæktaʃi juzymy] |
| | | |
| acácia (f) | akasya | [akasja] |
| bérberis (f) | diken üzümü | [dikæn juzymy] |
| jasmim (m) | yasemin | [jasæmin] |
| | | |
| junípero (m) | ardıç | [ardıtʃ] |
| roseira (f) | gül ağacı | [gyʎ a:dʒı] |
| roseira (f) brava | yaban gülü | [jaban gyly] |

## 96. Frutos. Bagas

| | | |
|---|---|---|
| fruta (f) | meyve | [mæjvæ] |
| frutas (f pl) | meyveler | [mæjvælær] |
| maçã (f) | elma | [æʎma] |
| pera (f) | armut | [armut] |
| ameixa (f) | erik | [ærik] |
| | | |
| morango (m) | çilek | [tʃilæk] |
| ginja (f) | vişne | [viʃnæ] |
| cereja (f) | kiraz | [kiraz] |
| uva (f) | üzüm | [juzym] |
| | | |
| framboesa (f) | ahududu | [ahududu] |
| groselha (f) preta | siyah frenküzümü | [sijah fræŋkjuzymy] |
| groselha (f) vermelha | kırmızı frenk üzümü | [kırmızı fræŋk juzymy] |
| groselha (f) espinhosa | bektaşi üzümü | [bæktaʃi juzymy] |
| oxicoco (m) | kızılcık | [kızıldʒık] |
| | | |
| laranja (f) | portakal | [portakal] |
| tangerina (f) | mandalina | [mandalina] |
| ananás (m) | ananas | [ananas] |
| banana (f) | muz | [muz] |
| tâmara (f) | hurma | [hurma] |
| | | |
| limão (m) | limon | [limon] |
| damasco (m) | kayısı | [kajısı] |
| pêssego (m) | şeftali | [ʃæftali] |
| kiwi (m) | kivi | [kivi] |

| toranja (f) | greypfrut | [græjpfrut] |
| baga (f) | meyve, yemiş | [mæjvæ], [jæmiʃ] |
| bagas (f pl) | yemişler | [jæmiʃler] |
| arando (m) vermelho | kırmızı yabanmersini | [kırmızı jaban mærsini] |
| morango-silvestre (m) | yabani çilek | [jabani tʃilæk] |
| mirtilo (m) | yaban mersini | [jaban mærsini] |

## 97. Flores. Plantas

| flor (f) | çiçek | [tʃitʃæk] |
| ramo (m) de flores | demet | [dæmæt] |
| rosa (f) | gül | [gyʎ] |
| tulipa (f) | lale | [ʎalæ] |
| cravo (m) | karanfil | [karanfiʎ] |
| gladíolo (m) | glayöl | [glajoʎ] |
| centáurea (f) | peygamber çiçeği | [pæjgambær tʃitʃæi] |
| campânula (f) | çançiçeği | [tʃantʃitʃæi] |
| dente-de-leão (m) | hindiba | [hindiba] |
| camomila (f) | papatya | [papatja] |
| aloé (m) | sarısabır | [sarısabır] |
| cato (m) | kaktüs | [kaktys] |
| fícus (m) | kauçuk ağacı | [kautʃuk a:dʒı] |
| lírio (m) | zambak | [zambak] |
| gerânio (m) | sardunya | [sardunija] |
| jacinto (m) | sümbül | [symbyʎ] |
| mimosa (f) | mimoza | [mimoza] |
| narciso (m) | nergis | [nærgis] |
| capuchinha (f) | latinçiçeği | [latin tʃitʃæi] |
| orquídea (f) | orkide | [orkidæ] |
| peónia (f) | şakayık | [ʃakajık] |
| violeta (f) | menekşe | [mænækʃæ] |
| amor-perfeito (m) | hercai menekşe | [hærdʒai mænækʃæ] |
| não-me-esqueças (m) | unutmabeni | [unutmabæni] |
| margarida (f) | papatya | [papatja] |
| papoula (f) | haşhaş | [haʃhaʃ] |
| cânhamo (m) | kendir | [kændir] |
| hortelã (f) | nane | [nanæ] |
| lírio-do-vale (m) | inci çiçeği | [indʒi tʃitʃæi] |
| campânula-branca (f) | kardelen | [kardælæn] |
| urtiga (f) | ısırgan otu | [ısırgan otu] |
| azeda (f) | kuzukulağı | [kuzukulaı] |

| nenúfar (m) | beyaz nilüfer | [bæjaz nilyfær] |
| feto (m), samambaia (f) | eğreltiotu | [ægræltiotu] |
| líquen (m) | liken | [likæn] |

| estufa (f) | limonluk | [limonlyk] |
| relvado (m) | çimen | [tʃimæn] |
| canteiro (m) de flores | çiçek tarhı | [tʃitʃæk tarhı] |

| planta (f) | bitki | [bitki] |
| erva (f) | ot | [ot] |
| folha (f) de erva | ot çöpü | [ot tʃopy] |

| folha (f) | yaprak | [japrak] |
| pétala (f) | taçyaprağı | [tatʃjapraı] |
| talo (m) | sap | [sap] |
| tubérculo (m) | yumru | [jumru] |

| broto, rebento (m) | filiz | [filiz] |
| espinho (m) | diken | [dikæn] |

| florescer (vi) | çiçeklenmek | [tʃitʃæklænmæk] |
| murchar (vi) | solmak | [solmak] |
| cheiro (m) | koku | [koku] |
| cortar (flores) | kesmek | [kæsmæk] |
| colher (uma flor) | koparmak | [koparmak] |

## 98. Cereais, grãos

| grão (m) | tahıl, tane | [tahıl], [tanæ] |
| cereais (plantas) | tahıllar | [tahıllar] |
| espiga (f) | başak | [baʃak] |

| trigo (m) | buğday | [buːdaj] |
| centeio (m) | çavdar | [tʃavdar] |
| aveia (f) | yulaf | [julaf] |
| milho-miúdo (m) | darı | [darı] |
| cevada (f) | arpa | [arpa] |

| milho (m) | mısır | [mısır] |
| arroz (m) | pirinç | [pirintʃ] |
| trigo-sarraceno (m) | karabuğday | [karabuːdaj] |

| ervilha (f) | bezelye | [bæzæʎæ] |
| feijão (m) | fasulye | [fasuʎæ] |
| soja (f) | soya | [soja] |
| lentilha (f) | mercimek | [mærdʒimæk] |
| fava (f) | bakla | [bakla] |

BOOKS

T&P

# PAÍSES DO MUNDO

T&P Books Publishing

| Afeganistão (m) | Afganistan | [afganistan] |
|---|---|---|
| África do Sul (f) | Güney Afrika Cumhuriyeti | [gynæj afrika dʒumhurijæti] |
| Albânia (f) | Arnavutluk | [arnavutluk] |
| Alemanha (f) | Almanya | [almaɲja] |
| Arábia (f) Saudita | Suudi Arabistan | [su:di arabistan] |
| Argentina (f) | Arjantin | [arʒantin] |
| Arménia (f) | Ermenistan | [ærmænistan] |
| | | |
| Austrália (f) | Avustralya | [avustraʎja] |
| Áustria (f) | Avusturya | [avusturja] |
| Azerbaijão (m) | Azerbaycan | [azærbajdʒan] |
| Bahamas (f pl) | Bahama adaları | [bahama adaları] |
| Bangladesh (m) | Bangladeş | [baŋladæʃ] |
| Bélgica (f) | Belçika | [bæʎtʃika] |
| | | |
| Bielorrússia (f) | Beyaz Rusya | [bæjaz rusja] |
| Bolívia (f) | Bolivya | [bolivja] |
| Bósnia e Herzegovina (f) | Bosna-Hersek | [bosna hærtsæk] |
| Brasil (m) | Brezilya | [bræziʎja] |
| Bulgária (f) | Bulgaristan | [bulgaristan] |
| Camboja (f) | Kamboçya | [kambotʃja] |
| Canadá (m) | Kanada | [kanada] |
| Cazaquistão (m) | Kazakistan | [kazakistan] |
| Chile (m) | Şili | [ʃili] |
| China (f) | Çin | [tʃin] |
| Chipre (m) | Kıbrıs | [kıbrıs] |
| Colômbia (f) | Kolombiya | [kolombija] |
| Coreia do Norte (f) | Kuzey Kore | [kuzæj koræ] |
| | | |
| Coreia do Sul (f) | Güney Kore | [gynæj koræ] |
| Croácia (f) | Hırvatistan | [hırvatistan] |
| Cuba (f) | Küba | [kyba] |
| Dinamarca (f) | Danimarka | [danimarka] |
| Egito (m) | Mısır | [mısır] |
| Emirados Árabes Unidos | Birleşik Arap Emirlikleri | [birlæʃik arap æmirliklæri] |
| Equador (m) | Ekvator | [ækvator] |
| Escócia (f) | İskoçya | [iskotʃja] |
| Eslováquia (f) | Slovakya | [slovakja] |
| Eslovénia (f) | Slovenya | [slovæɲja] |
| Espanha (f) | İspanya | [ispaɲja] |
| Estados Unidos da América | Amerika Birleşik Devletleri | [amærika birlæʃik dævlætlæri] |
| Estónia (f) | Estonya | [æstoɲja] |

## 100. Países. Parte 2

| Finlândia (f) | Finlandiya | [finʎandja] |
| França (f) | Fransa | [fransa] |
| Gana (f) | Gana | [gana] |
| Geórgia (f) | Gürcistan | [gyrdʒistan] |
| Grã-Bretanha (f) | Büyük Britanya | [byjuk britaɲja] |
| Grécia (f) | Yunanistan | [junanistan] |
| Haiti (m) | Haiti | [haiti] |

| Hungria (f) | Macaristan | [madʒaristan] |
| Índia (f) | Hindistan | [hindistan] |
| Indonésia (f) | Endonezya | [ændonæzja] |
| Inglaterra (f) | İngiltere | [iɲiʎtæræ] |
| Irão (m) | İran | [iran] |
| Iraque (m) | Irak | [ɪrak] |
| Irlanda (f) | İrlanda | [irlanda] |
| Islândia (f) | İzlanda | [izlanda] |

| Israel (m) | İsrail | [israiʎ] |
| Itália (f) | İtalya | [itaʎja] |
| Jamaica (f) | Jamaika | [ʒamajka] |
| Japão (m) | Japonya | [ʒapoɲja] |
| Jordânia (f) | Ürdün | [urdyn] |
| Kuwait (m) | Kuveyt | [kuvæjt] |
| Laos (m) | Laos | [laos] |

| Letónia (f) | Letonya | [lætoɲja] |
| Líbano (m) | Lübnan | [lybnan] |
| Líbia (f) | Libya | [libja] |
| Liechtenstein (m) | Lihtenştayn | [lihtænʃtajn] |
| Lituânia (f) | Litvanya | [litvaɲja] |
| Luxemburgo (m) | Lüksemburg | [lyksæmburg] |
| Macedónia (f) | Makedonya | [makædoɲja] |
| Madagáscar (m) | Madagaskar | [madagaskar] |

| Malásia (f) | Malezya | [malæzja] |
| Malta (f) | Malta | [maʎta] |
| Marrocos | Fas | [fas] |
| México (m) | Meksika | [mæksika] |
| Mianmar, Birmânia | Myanmar | [mjanmar] |

| Moldávia (f) | Moldova | [moldova] |
| Mónaco (m) | Monako | [monako] |

| Mongólia (f) | Moğolistan | [mo:listan] |
| Montenegro (m) | Karadağ | [karada:] |
| Namíbia (f) | Namibya | [namibja] |
| Nepal (m) | Nepal | [næpal] |
| Noruega (f) | Norveç | [norvætʃ] |
| Nova Zelândia (f) | Yeni Zelanda | [jæni zælanda] |

## 101. Países. Parte 3

| | | |
|---|---|---|
| Países (m pl) Baixos | Hollanda | [hollanda] |
| Panamá (m) | Panama | [panama] |
| Paquistão (m) | Pakistan | [pakistan] |
| Paraguai (m) | Paraguay | [paraguaj] |
| Peru (m) | Peru | [pæru] |
| Polinésia Francesa (f) | Fransız Polinezisi | [fransız polinæzisi] |
| | | |
| Polónia (f) | Polonya | [poloɲja] |
| Portugal (m) | Portekiz | [portækiz] |
| Quénia (f) | Kenya | [kæɲja] |
| Quirguizistão (m) | Kırgızistan | [kırgızistan] |
| República (f) Checa | Çek Cumhuriyeti | [tʃæk dʒumhurijæti] |
| República (f) Dominicana | Dominik Cumhuriyeti | [dominik dʒumhurijæti] |
| Roménia (f) | Romanya | [romaɲja] |
| Rússia (f) | Rusya | [rusja] |
| | | |
| Senegal (m) | Senegal | [sænægal] |
| Sérvia (f) | Sırbistan | [sırbistan] |
| Síria (f) | Suriye | [surijæ] |
| Suécia (f) | İsveç | [isvætʃ] |
| Suíça (f) | İsviçre | [isvitʃræ] |
| Suriname (m) | Surinam | [surinam] |
| Tailândia (f) | Tayland | [tailand] |
| | | |
| Taiwan (m) | Tayvan | [tajvan] |
| Tajiquistão (m) | Tacikistan | [tadʒikistan] |
| Tanzânia (f) | Tanzanya | [tanzaɲja] |
| Tasmânia (f) | Tazmanya | [tazmanija] |
| Tunísia (f) | Tunus | [tunus] |
| Turquemenistão (m) | Türkmenistan | [tyrkmænistan] |
| Turquia (f) | Türkiye | [tyrkijæ] |
| Ucrânia (f) | Ukrayna | [ukrajna] |
| | | |
| Uruguai (m) | Uruguay | [urugvaj] |
| Uzbequistão (f) | Özbekistan | [øzbækistan] |
| Vaticano (m) | Vatikan | [vatikan] |
| Venezuela (f) | Venezuela | [vænæzuæla] |
| Vietname (m) | Vietnam | [vʲætnam] |
| Zanzibar (m) | Zanzibar | [zanzibar] |

# DICIONÁRIO
# GASTRONÔMICO

Esta secção contém uma
série de palavras e termos
associados aos alimentos.
Este dicionário fará com
que seja mais fácil para si
entender o menu num
restaurante e escolher o
prato certo

T&P Books Publishing

| água (f) | su | [su] |
|---|---|---|
| água (f) mineral | maden suyu | [madæn suju] |
| água (f) potável | içme suyu | [itʃmæ suju] |
| óleo (m) | bitkisel yağ | [bitkisæʎ jaː] |
| óleo (m) de girassol | ayçiçeği yağı | [ajtʃitʃæɪ jaɪ] |
| açúcar (m) | şeker | [ʃækær] |
| açafrão (m) | safran | [safran] |
| abóbora (f) | kabak | [kabak] |
| abacate (m) | avokado | [avokado] |
| abre-latas (m) | konserve açacağı | [konsærvæ atʃadʒaɪ] |
| abridor (m) de garrafas | şişe açacağı | [ʃiʃæ atʃadʒaɪ] |
| agário-das-moscas (m) | sinek mantarı | [sinæk mantarɪ] |
| aipo (m) | kereviz | [kæræviz] |
| alcachofra (f) | enginar | [æɲinar] |
| alface (f) | yeşil salata | [jæʃiʎ salata] |
| alho (m) | sarımsak | [sarɪmsak] |
| almoço (m) | öğle yemeği | [øjlæ jæmæi] |
| amêndoa (f) | badem | [badæm] |
| amargo | acı | [adʒɪ] |
| ameixa (f) | erik | [ærik] |
| amendoim (m) | yerfıstığı | [jærfɪstɪː] |
| amora silvestre (f) | böğürtlen | [bøjurtlæn] |
| ananás (m) | ananas | [ananas] |
| anis (m) | anason | [anason] |
| aperitivo (m) | aperatif | [apæratif] |
| apetite (m) | iştah | [iʃtah] |
| arando (m) vermelho | kırmızı yabanmersini | [kɪrmɪzɪ jaban mærsini] |
| arenque (m) | ringa | [riɲa] |
| arroz (m) | pirinç | [pirintʃ] |
| atum (m) | ton balığı | [ton balɪː] |
| aveia (f) | yulaf | [julaf] |
| avelã (f) | fındık | [fɪndɪk] |
| azeite (m) | zeytin yağı | [zæjtin jaɪ] |
| azeitonas (f pl) | zeytin | [zæjtin] |
| bacalhau (m) | morina balığı | [morina balɪː] |
| bacon (m) | domuz pastırması | [domuz pastɪrmasɪ] |
| baga (f) | meyve, yemiş | [mæjvæ], [jæmiʃ] |
| bagas (f pl) | yemişler | [jæmiʃler] |
| banana (f) | muz | [muz] |
| bar (m) | bar | [bar] |
| barman (m) | barmen | [barmæn] |
| batata (f) | patates | [patatæs] |
| batido (m) de leite | sütlü kokteyl | [sytly koktæjʎ] |
| bebida (f) sem álcool | alkolsüz içki | [alkoʎsyz itʃki] |

| bebidas (f pl) alcoólicas | alkollü içkiler | [alkolly itʃkilær] |
|---|---|---|
| beringela (f) | patlıcan | [patlıdʒan] |
| beterraba (f) | pancar | [pandʒar] |
| bife (m) | biftek | [biftæk] |
| bocado, pedaço (m) | parça | [partʃa] |
| bolacha (f) | bisküvi | [biskyvi] |
| boleto (m) áspero | kavak mantarı | [kavak mantarı] |
| boleto (m) castanho | ak ağaç mantarı | [ak a:tʃ mantarı] |
| bolo (m) | ufak kek | [ufak kæk] |
| bolo (m) de aniversário | kek, pasta | [kæk], [pasta] |
| Bom apetite! | Afiyet olsun! | [afijæt olsun] |
| brócolos (m pl) | brokoli | [brokoli] |
| brema (f) | çapak balığı | [tʃapak balı:] |
| caça (f) | av hayvanları | [av hajvanları] |
| café (m) | kahve | [kahvæ] |
| café (m) com leite | sütlü kahve | [sytly kahvæ] |
| café (m) puro | siyah kahve | [sijah kahvæ] |
| café (m) solúvel | hazır kahve | [hazır kahvæ] |
| caldo (m) | et suyu | [æt suju] |
| caloria (f) | kalori | [kalori] |
| camarão (m) | karides | [karidæs] |
| canela (f) | tarçın | [tartʃın] |
| cantarelo (m) | horozmantarı | [horoz mantarı] |
| cappuccino (m) | kaymaklı kahve | [kajmaklı kahvæ] |
| caranguejo (m) | yengeç | [jæŋætʃ] |
| carne (f) | et | [æt] |
| carne (f) de carneiro | koyun eti | [kojun æti] |
| carne (f) de coelho | tavşan eti | [tavʃan æti] |
| carne (f) de porco | domuz eti | [domuz æti] |
| carne (f) de vaca | sığır eti | [sı:r æti] |
| carne (f) de vitela | dana eti | [dana æti] |
| carne (f) moída | kıyma | [kıjma] |
| carpa (f) | sazan | [sazan] |
| casca (f) | kabuk | [kabuk] |
| cavala (m), sarda (f) | uskumru | [uskumru] |
| caviar (m) | havyar | [havjar] |
| cebola (f) | soğan | [soan] |
| cenoura (f) | havuç | [havutʃ] |
| centeio (m) | çavdar | [tʃavdar] |
| cepe-de-bordéus (m) | bir mantar türü | [bir mantar tyry] |
| cereais (m pl) | tahıllar | [tahıllar] |
| cereja (f) | kiraz | [kiraz] |
| cerveja (f) | bira | [bira] |
| cerveja (f) clara | hafif bira | [hafif bira] |
| cerveja (m) preta | siyah bira | [sijah bira] |
| cevada (f) | arpa | [arpa] |
| chá (m) | çay | [tʃaj] |
| chá (m) preto | siyah çay | [sijah tʃaj] |
| chá (m) verde | yeşil çay | [jæʃiʎ tʃaj] |
| chávena (f) | fincan | [findʒan] |
| champanhe (m) | şampanya | [ʃampaŋja] |
| chocolate (m) | çikolata | [tʃikolata] |

| chouriço (m) | sucuk, sosis | [sudʒuk], [sosis] |
| cicuta (f) verde | köygöçüren mantarı | [køjgytʃuræn mantarı] |
| clara (f) do ovo | yumurta akı | [jumurta akı] |
| coco (m) | Hindistan cevizi | [hindistan dʒævizi] |
| coentro (m) | kişniş | [kiʃniʃ] |
| cogumelo (m) | mantar | [mantar] |
| cogumelo (m) comestível | yenir mantar | [jænir mantar] |
| cogumelo (m) venenoso | zehirli mantar | [zæhirli mantar] |
| colher (f) | kaşık | [kaʃık] |
| colher (f) de chá | çay kaşığı | [tʃaj kaʃı:] |
| colher (f) de sopa | yemek kaşığı | [jæmæk kaʃı:] |
| com gás | maden | [madæn] |
| com gelo | buzlu | [buzlu] |
| comida (f) | yemek | [jæmæk] |
| cominho (m) | çörek otu | [tʃoræk otu] |
| condimento (m) | çeşni | [tʃæʃni] |
| conduto (m) | garnitür | [garnityr] |
| congelado | dondurulmuş | [dondurulmuʃ] |
| conhaque (m) | konyak | [koɲjak] |
| conservas (f pl) | konserve | [konsærvæ] |
| conta (f) | hesap | [hæsap] |
| copo (m) | bardak | [bardak] |
| coquetel (m) | kokteyl | [koktæjʎ] |
| couve (f) | lahana | [ʎahana] |
| couve-de-bruxelas (f) | Brüksel lâhanası | [bryksæʎ ʎahanası] |
| couve-flor (f) | karnabahar | [karnabahar] |
| cozido | pişmiş | [piʃmiʃ] |
| cozinha (f) | mutfak | [mutfak] |
| cravo (m) | karanfil | [karanfiʎ] |
| creme (m) | krema | [kræma] |
| creme (m) azedo | ekşi krema | [ækʃi kræma] |
| croquete (m) | köfte | [køftæ] |
| curgete (f) | sakız kabağı | [sakız kabaı] |
| damasco (m) | kayısı | [kajısı] |
| de chocolate | çikolatalı | [tʃikolatalı] |
| dieta (f) | rejim, diyet | [ræʒim], [dijæt] |
| doce (m) | reçel, marmelat | [rætʃæʎ], [marmælat] |
| doce (m) | reçel | [rætʃæʎ] |
| doce, açucarado | tatlı | [tatlı] |
| em vinagre | turşu | [turʃu] |
| ementa (f) | menü | [mæny] |
| empregada (f) de mesa | kadın garson | [kadın garson] |
| empregado (m) de mesa | garson | [garson] |
| enguia (f) | yılan balığı | [jılan balı:] |
| entrada (f) | çerez | [tʃæræz] |
| ervilha (f) | bezelye | [bæzæʎæ] |
| espaguete (m) | spagetti | [spagætti] |
| espargo (m) | kuşkonmaz | [kuʃkonmaz] |
| especiaria (f) | baharat | [baharat] |
| espiga (f) | başak | [baʃak] |
| espinafre (m) | ıspanak | [ıspanak] |
| esturjão (m) | mersin balığı | [mærsin balı:] |

| faca (f) | bıçak | [bɪtʃak] |
|---|---|---|
| farinha (f) | un | [un] |
| fatia (f) | dilim | [dilim] |
| fava (f) | bakla | [bakla] |
| feijão (m) | fasulye | [fasuʎæ] |
| fiambre (f) | jambon | [ʒambon] |
| figo (m) | incir | [indʒir] |
| flocos (m pl) de milho | mısır gevreği | [mɪsɪr gævræi] |
| folhas (f pl) de louro | defne yaprağı | [dæfnæ japraɪ] |
| framboesa (f) | ahududu | [ahududu] |
| frio | soğuk | [souk] |
| frito | kızartılmış | [kɪzartɪlmɪʃ] |
| fruta (f) | meyve | [mæjvæ] |
| frutas (f pl) | meyveler | [mæjvælær] |
| fumado | tütsülenmiş, füme | [tytsylænmiʃ], [fymæ] |
| funcho, endro (m) | dereotu | [dæræotu] |
| galinha (f) | tavuk eti | [tavuk æti] |
| ganso (m) | kaz | [kaz] |
| garfo (m) | çatal | [tʃatal] |
| gaseificada | gazlı | [gazlı] |
| gelado (m) | dondurma | [dondurma] |
| geleia (f) de frutas | marmelat | [marmælat] |
| gelo (m) | buz | [buz] |
| gema (f) do ovo | yumurta sarısı | [jumurta sarısı] |
| gengibre (m) | zencefil | [zændʒæfiʎ] |
| gim (m) | cin | [dʒin] |
| ginja (f) | vişne | [viʃnæ] |
| gorduras (f pl) | yağlar | [ja:lar] |
| gorjeta (f) | bahşiş | [bahʃiʃ] |
| gostinho (m) | ağızda kalan tat | [aɪzda kalan tat] |
| gostoso | tatlı, lezzetli | [tatlı], [læzzætlı] |
| grão (m) | tahıl, tane | [tahıl], [tanæ] |
| grãos (m pl) de cereais | tane | [tanæ] |
| groselha (f) espinhosa | bektaşı üzümü | [bæktaʃı juzymy] |
| groselha (f) preta | siyah frenk üzümü | [sijah frænk juzymy] |
| groselha (f) vermelha | kırmızı frenk üzümü | [kırmızı frænk juzymy] |
| guisado (m) | et kızartması, rosto | [æt kızartması], [rosto] |
| halibute (m) | pisi balığı | [pisi balı:] |
| hambúrguer (m) | hamburger | [hamburgær] |
| hidratos (m pl) de carbono | karbonhidratlar | [karbonhidratlar] |
| iogurte (m) | yoğurt | [jourt] |
| iscas (f pl) | karaciğer | [karadʒiær] |
| jantar (m) | akşam yemeği | [akʃam jæmæi] |
| kiwi (m) | kivi | [kivi] |
| língua (f) | dil | [diʎ] |
| lúcio (m) | turna balığı | [turna balı:] |
| lagosta (f) | langust | [laŋust] |
| laranja (f) | portakal | [portakal] |
| legumes (m pl) | sebze | [sæbzæ] |
| leite (m) | süt | [syt] |
| leite (m) condensado | yoğunlaştırılmış süt | [jounlaʃtırılmıʃ syt] |
| lentilha (f) | mercimek | [mærdʒimæk] |

| | | |
|---|---|---|
| licor (m) | likör | [likør] |
| limão (m) | limon | [limon] |
| limonada (f) | limonata | [limonata] |
| lista (f) de vinhos | şarap listesi | [ʃarap listæsi] |
| lula (f) | kalamar | [kalamar] |
| maçã (f) | elma | [æʎma] |
| maionese (f) | mayonez | [majonæz] |
| manga (f) | mango | [maŋo] |
| manjericão (m) | fesleğen | [fæslæ:n] |
| manteiga (f) | tereyağı | [tæræjaɪ] |
| margarina (f) | margarin | [margarin] |
| marisco (m) | deniz ürünleri | [dæniz jurynlæri] |
| massas (f pl) | makarna | [makarna] |
| mel (m) | bal | [bal] |
| melancia (f) | karpuz | [karpuz] |
| meloa (f), melão (m) | kavun | [kavun] |
| migalha (f) | kırıntı | [kırıntı] |
| milho (m) | mısır | [mısır] |
| milho (m) | mısır | [mısır] |
| milho-miúdo (m) | darı | [darı] |
| mirtilo (m) | yaban mersini | [jaban mærsini] |
| molho (m) | salça, sos | [saltʃa], [sos] |
| morango (m) | çilek | [tʃilæk] |
| morango-silvestre (m) | yabani çilek | [jabani tʃilæk] |
| morchela (f) | kuzu mantarı | [kuzu mantarı] |
| mostarda (f) | hardal | [hardal] |
| nabo (m) | şalgam | [ʃalgam] |
| nata (f) do leite | süt kaymağı | [syt kajmaɪ] |
| noz (f) | ceviz | [dʒæviz] |
| omelete (f) | omlet | [omlæt] |
| ostra (f) | istiridye | [istiridʲæ] |
| ovo (m) | yumurta | [jumurta] |
| ovos (m pl) | yumurtalar | [jumurtalar] |
| ovos (m pl) estrelados | sahanda yumurta | [sahanda jumurta] |
| oxicoco (m) | kızılcık | [kızıldʒık] |
| páprica (f) | kırmızıbiber | [kırmızı bibær] |
| pão (m) | ekmek | [ækmæk] |
| pêssego (m) | şeftali | [ʃæftali] |
| palito (m) | kürdan | [kyrdan] |
| papa (f) | lâpa | [ʎapa] |
| papaia (f), mamão (m) | papaya | [papaja] |
| pastelaria (f) | şekerleme | [ʃækærlæmæ] |
| pastilha (f) elástica | sakız, çiklet | [sakız], [tʃiklæt] |
| patê (m) | ezme | [æzmæ] |
| pato (m) | ördek | [ørdæk] |
| peixe (m) | balık | [balık] |
| pepino (m) | salatalık | [salatalık] |
| pequeno-almoço (m) | kahvaltı | [kahvaltı] |
| pera (f) | armut | [armut] |
| perca (f) | tatlı su levreği | [tatlı su lævræi] |
| peru (m) | hindi | [hindi] |
| pimentão (m) | dolma biber | [dolma bibær] |

| | | |
|---|---|---|
| pimenta (f) preta | siyah biber | [sijah bibær] |
| pimenta (f) vermelha | kırmızı biber | [kırmızı bibær] |
| pires (m) | fincan tabağı | [findʒan tabaı] |
| pistáchios (m pl) | çam fıstığı | [tʃam fıstı:] |
| pizza (f) | pizza | [pizza] |
| porção (f) | porsiyon | [porsijon] |
| prato (m) | yemek | [jæmæk] |
| prato (m) | tabak | [tabak] |
| presunto (m) | tütsülenmiş jambon | [tytsylænmiʃ ʒambon] |
| proteínas (f pl) | proteinler | [protæinlær] |
| puré (m) de batata | patates püresi | [patatæs pyræsi] |
| queijo (m) | peynir | [pæjnir] |
| quente | sıcak | [sıdʒak] |
| rússula (f) | çiğ yenen mantar | [tʃi: jænæn mantar] |
| rabanete (m) | turp | [turp] |
| raiz-forte (f) | bayırturpu | [bajırturpu] |
| rebuçado (m) | şeker | [ʃækær] |
| receita (f) | yemek tarifi | [jæmæk tarifı] |
| recheio (m) | iç | [itʃ] |
| refresco (m) | soğuk meşrubat | [sojuk mæʃrubat] |
| romã (f) | nar | [nar] |
| rum (m) | rom | [rom] |
| sésamo (m) | susam | [susam] |
| sabor, gosto (m) | tat | [tat] |
| saca-rolhas (m) | tirbuşon | [tirbyʃon] |
| sal (m) | tuz | [tuz] |
| salada (f) | salata | [salata] |
| salgado | tuzlu | [tuzlu] |
| salmão (m) | som balığı | [som balı:] |
| salmão (m) | som, somon | [som], [somon] |
| salsa (f) | maydanoz | [majdanoz] |
| salsicha (f) | sosis | [sosis] |
| sandes (f) | sandviç | [sandvitʃ] |
| sardinha (f) | sardalye | [sardaʎæ] |
| seco | kuru | [kuru] |
| sem álcool | alkolsüz | [alkoʎsyz] |
| sem gás | gazsız | [gazsız] |
| siluro (m) | yayın | [jajın] |
| sobremesa (f) | tatlı | [tatlı] |
| soja (f) | soya | [soja] |
| solha (f) | kalkan | [kalkan] |
| sopa (f) | çorba | [tʃorba] |
| sumo (m) | meyve suyu | [mæjvæ suju] |
| sumo (m) de laranja | portakal suyu | [portakal suju] |
| sumo (m) de tomate | domates suyu | [domatæs suju] |
| sumo (m) fresco | taze meyve suyu | [tazæ mæjvæ suju] |
| tâmara (f) | hurma | [hurma] |
| taça (m) de vinho | kadeh | [kadæ] |
| talharim (m) | erişte | [æriʃtæ] |
| tangerina (f) | mandalina | [mandalina] |
| tarte (f) | börek | [børæk] |
| tomate (m) | domates | [domatæs] |

| toranja (f) | greypfrut | [græjpfrut] |
| toucinho (m) | yağ | [ja:] |
| trigo (m) | buğday | [bu:daj] |
| trigo-sarraceno (m) | karabuğday | [karabu:daj] |
| truta (f) | alabalık | [alabalık] |
| tubarão (m) | köpek balığı | [køpæk balı:] |
| uísque (m) | viski | [viski] |
| uva (f) | üzüm | [juzym] |
| uvas (f pl) passas | kuru üzüm | [kuru juzym] |
| vegetariano | vejetaryen | [vædʒætariæn] |
| vegetariano (m) | vejetaryen kimse | [vædʒætariæn kimsæ] |
| verduras (f pl) | yeşillik | [jæʃiʎik] |
| vermute (m) | vermut | [væɾmut] |
| vinagre (m) | sirke | [sirkæ] |
| vinho (m) | şarap | [ʃarap] |
| vinho (m) branco | beyaz şarap | [bæjaz ʃarap] |
| vinho (m) tinto | kırmızı şarap | [kırmızı ʃarap] |
| vitamina (f) | vitamin | [vitamin] |
| vodca, vodka (f) | votka | [votka] |
| waffle (m) | gofret | [gofræt] |
| zander (m) | uzunlevrek | [uzunlævræk] |

## Turco-Português dicionário gastronômico

| çörek otu | [tʃoræk otu] | cominho (m) |
| çam fıstığı | [tʃam fıstıː] | pistáchios (m pl) |
| çapak balığı | [tʃapak balıː] | brema (f) |
| çatal | [tʃatal] | garfo (m) |
| çavdar | [tʃavdar] | centeio (m) |
| çay | [tʃaj] | chá (m) |
| çay kaşığı | [tʃaj kaʃıː] | colher (f) de chá |
| çeşni | [tʃæʃni] | condimento (m) |
| çerez | [tʃæræz] | entrada (f) |
| çiğ yenen mantar | [tʃiː jænæn mantar] | rússula (f) |
| çikolata | [tʃikolata] | chocolate (m) |
| çikolatalı | [tʃikolatalı] | de chocolate |
| çilek | [tʃilæk] | morango (m) |
| çorba | [tʃorba] | sopa (f) |
| öğle yemeği | [øjlæ jæmæi] | almoço (m) |
| ördek | [ørdæk] | pato (m) |
| üzüm | [juzym] | uva (f) |
| ıspanak | [ıspanak] | espinafre (m) |
| şalgam | [ʃalgam] | nabo (m) |
| şampanya | [ʃampaɲja] | champanhe (m) |
| şarap | [ʃarap] | vinho (m) |
| şarap listesi | [ʃarap listæsi] | lista (f) de vinhos |
| şeftali | [ʃæftali] | pêssego (m) |
| şeker | [ʃækær] | açúcar (m) |
| şeker | [ʃækær] | rebuçado (m) |
| şekerleme | [ʃækærlæmæ] | pastelaria (f) |
| şişe açacağı | [ʃiʃæ atʃadʒaı] | abridor (m) de garrafas |
| ağızda kalan tat | [aızda kalan tat] | gostinho (m) |
| acı | [adʒı] | amargo |
| **Afiyet olsun!** | [afijæt olsun] | Bom apetite! |
| ahududu | [ahududu] | framboesa (f) |
| ak ağaç mantarı | [ak aːtʃ mantarı] | boleto (m) castanho |
| akşam yemeği | [akʃam jæmæi] | jantar (m) |
| alabalık | [alabalık] | truta (f) |
| alkollü içkiler | [alkolly itʃkilær] | bebidas (f pl) alcoólicas |
| alkolsüz | [alkoʌsyz] | sem álcool |
| alkolsüz içki | [alkoʌsyz itʃki] | bebida (f) sem álcool |
| ananas | [ananas] | ananás (m) |
| anason | [anason] | anis (m) |
| aperatif | [apæratif] | aperitivo (m) |
| armut | [armut] | pera (f) |
| arpa | [arpa] | cevada (f) |
| av hayvanları | [av hajvanları] | caça (f) |
| avokado | [avokado] | abacate (m) |

| | | |
|---|---|---|
| ayçiçeği yağı | [ajʧiʧæɪ jaɪ] | óleo (m) de girassol |
| böğürtlen | [bøjurtlæn] | amora silvestre (f) |
| börek | [børæk] | tarte (f) |
| bıçak | [bɪʧak] | faca (f) |
| başak | [baʃak] | espiga (f) |
| badem | [badæm] | amêndoa (f) |
| bahşiş | [bahʃiʃ] | gorjeta (f) |
| baharat | [baharat] | especiaria (f) |
| bakla | [bakla] | fava (f) |
| bal | [bal] | mel (m) |
| balık | [balık] | peixe (m) |
| bar | [bar] | bar (m) |
| bardak | [bardak] | copo (m) |
| barmen | [barmæn] | barman (m) |
| bayırturpu | [bajırturpu] | raiz-forte (f) |
| bektaşı üzümü | [bæktaʃı juzymy] | groselha (f) espinhosa |
| beyaz şarap | [bæjaz ʃarap] | vinho (m) branco |
| bezelye | [bæzæʎæ] | ervilha (f) |
| biftek | [biftæk] | bife (m) |
| bir mantar türü | [bir mantar tyry] | cepe-de-bordéus (m) |
| bira | [bira] | cerveja (f) |
| bisküvi | [biskyvi] | bolacha (f) |
| bitkisel yağ | [bitkisæʎ ja:] | óleo (m) |
| Brüksel lâhanası | [bryksæʎ ʎahanası] | couve-de-bruxelas (f) |
| brokoli | [brokoli] | brócolos (m pl) |
| buğday | [bu:daj] | trigo (m) |
| buz | [buz] | gelo (m) |
| buzlu | [buzlu] | com gelo |
| ceviz | [ʤæviz] | noz (f) |
| cin | [ʤin] | gim (m) |
| dana eti | [dana æti] | carne (f) de vitela |
| darı | [darı] | milho-miúdo (m) |
| defne yaprağı | [dæfnæ japraɪ] | folhas (f pl) de louro |
| deniz ürünleri | [dæniz jurynlæri] | marisco (m) |
| dereotu | [dæræotu] | funcho, endro (m) |
| dil | [diʎ] | língua (f) |
| dilim | [dilim] | fatia (f) |
| dolma biber | [dolma bibær] | pimentão (m) |
| domates | [domatæs] | tomate (m) |
| domates suyu | [domatæs suju] | sumo (m) de tomate |
| domuz eti | [domuz æti] | carne (f) de porco |
| domuz pastırması | [domuz pastırması] | bacon (m) |
| dondurma | [dondurma] | gelado (m) |
| dondurulmuş | [dondurulmuʃ] | congelado |
| ekşi krema | [ækʃi kræma] | creme (m) azedo |
| ekmek | [ækmæk] | pão (m) |
| elma | [æʎma] | maçã (f) |
| enginar | [æŋinar] | alcachofra (f) |
| erişte | [æriʃtæ] | talharim (m) |
| erik | [ærik] | ameixa (f) |
| et | [æt] | carne (f) |
| et kızartması, rosto | [æt kızartması], [rosto] | guisado (m) |

| et suyu | [æt suju] | caldo (m) |
| ezme | [æzmæ] | patê (m) |
| fındık | [fındık] | avelã (f) |
| fasulye | [fasuʎæ] | feijão (m) |
| fesleğen | [fæslæːn] | manjericão (m) |
| fincan | [findʒan] | chávena (f) |
| fincan tabağı | [findʒan tabaı] | pires (m) |
| garnitür | [garnityr] | conduto (m) |
| garson | [garson] | empregado (m) de mesa |
| gazlı | [gazlı] | gaseificada |
| gazsız | [gazsız] | sem gás |
| gofret | [gofræt] | waffle (m) |
| greypfrut | [græjpfrut] | toranja (f) |
| hafif bira | [hafif bira] | cerveja (f) clara |
| hamburger | [hamburgær] | hambúrguer (m) |
| hardal | [hardal] | mostarda (f) |
| havuç | [havutʃ] | cenoura (f) |
| havyar | [havjar] | caviar (m) |
| hazır kahve | [hazır kahvæ] | café (m) solúvel |
| hesap | [hæsap] | conta (f) |
| hindi | [hindi] | peru (m) |
| Hindistan cevizi | [hindistan dʒævizi] | coco (m) |
| horozmantarı | [horoz mantarı] | cantarelo (m) |
| hurma | [hurma] | tâmara (f) |
| iç | [itʃ] | recheio (m) |
| içme suyu | [itʃmæ suju] | água (f) potável |
| iştah | [iʃtah] | apetite (m) |
| incir | [indʒir] | figo (m) |
| istiridye | [istiridʲæ] | ostra (f) |
| jambon | [ʒambon] | fiambre (f) |
| köfte | [køftæ] | croquete (m) |
| köpek balığı | [køpæk balıː] | tubarão (m) |
| köygöçüren mantarı | [køjgytʃuræn mantarı] | cicuta (f) verde |
| kürdan | [kyrdan] | palito (m) |
| kırıntı | [kırıntı] | migalha (f) |
| kırmızı şarap | [kırmızı ʃarap] | vinho (m) tinto |
| kırmızı biber | [kırmızı bibær] | pimenta (f) vermelha |
| kırmızı frenk üzümü | [kırmızı frænk juzymy] | groselha (f) vermelha |
| kırmızı yabanmersini | [kırmızı jaban mærsini] | arando (m) vermelho |
| kırmızıbiber | [kırmızı bibær] | páprica (f) |
| kıyma | [kıjma] | carne (f) moída |
| kızılcık | [kızıldʒık] | oxicoco (m) |
| kızartılmış | [kızartılmıʃ] | frito |
| kaşık | [kaʃık] | colher (f) |
| kabak | [kabak] | abóbora (f) |
| kabuk | [kabuk] | casca (f) |
| kadın garson | [kadın garson] | empregada (f) de mesa |
| kadeh | [kadæ] | taça (m) de vinho |
| kahvaltı | [kahvaltı] | pequeno-almoço (m) |
| kahve | [kahvæ] | café (m) |
| kalamar | [kalamar] | lula (f) |
| kalkan | [kalkan] | solha (f) |

| | | |
|---|---|---|
| kalori | [kalori] | caloria (f) |
| karabuğday | [karabu:daj] | trigo-sarraceno (m) |
| karaciğer | [karadʒiær] | iscas (f pl) |
| karanfil | [karanfiʎ] | cravo (m) |
| karbonhidratlar | [karbonhidratlar] | hidratos (m pl) de carbono |
| karides | [karidæs] | camarão (m) |
| karnabahar | [karnabahar] | couve-flor (f) |
| karpuz | [karpuz] | melancia (f) |
| kavak mantarı | [kavak mantarı] | boleto (m) áspero |
| kavun | [kavun] | meloa (f), melão (m) |
| kayısı | [kajısı] | damasco (m) |
| kaymaklı kahve | [kajmaklı kahvæ] | cappuccino (m) |
| kaz | [kaz] | ganso (m) |
| kek, pasta | [kæk], [pasta] | bolo (m) de aniversário |
| kereviz | [kæræviz] | aipo (m) |
| kişniş | [kiʃniʃ] | coentro (m) |
| kiraz | [kiraz] | cereja (f) |
| kivi | [kivi] | kiwi (m) |
| kokteyl | [koktæjʎ] | coquetel (m) |
| konserve | [konsærvæ] | conservas (f pl) |
| konserve açacağı | [konsærvæ atʃadʒaı] | abre-latas (m) |
| konyak | [koɲjak] | conhaque (m) |
| koyun eti | [kojun æti] | carne (f) de carneiro |
| krema | [kræma] | creme (m) |
| kuşkonmaz | [kuʃkonmaz] | espargo (m) |
| kuru | [kuru] | seco |
| kuru üzüm | [kuru juzym] | uvas (f pl) passas |
| kuzu mantarı | [kuzu mantarı] | morchela (f) |
| lâpa | [ʎapa] | papa (f) |
| lahana | [ʎahana] | couve (f) |
| langust | [laɲust] | lagosta (f) |
| likör | [likør] | licor (m) |
| limon | [limon] | limão (m) |
| limonata | [limonata] | limonada (f) |
| mısır | [mısır] | milho (m) |
| mısır | [mısır] | milho (m) |
| mısır gevreği | [mısır gævræi] | flocos (m pl) de milho |
| maden | [madæn] | com gás |
| maden suyu | [madæn suju] | água (f) mineral |
| makarna | [makarna] | massas (f pl) |
| mandalina | [mandalina] | tangerina (f) |
| mango | [maɲo] | manga (f) |
| mantar | [mantar] | cogumelo (m) |
| margarin | [margarin] | margarina (f) |
| marmelat | [marmælat] | geleia (f) de frutas |
| maydanoz | [majdanoz] | salsa (f) |
| mayonez | [majonæz] | maionese (f) |
| menü | [mæny] | ementa (f) |
| mercimek | [mærdʒimæk] | lentilha (f) |
| mersin balığı | [mærsin balı:] | esturjão (m) |
| meyve | [mæjvæ] | fruta (f) |
| meyve suyu | [mæjvæ suju] | sumo (m) |

| | | |
|---|---|---|
| meyve, yemiş | [mæjvæ], [jæmiʃ] | baga (f) |
| meyveler | [mæjvælær] | frutas (f pl) |
| morina balığı | [morina balı:] | bacalhau (m) |
| mutfak | [mutfak] | cozinha (f) |
| muz | [muz] | banana (f) |
| nar | [nar] | romã (f) |
| omlet | [omlæt] | omelete (f) |
| pancar | [pandʒar] | beterraba (f) |
| papaya | [papaja] | papaia (f), mamão (m) |
| parça | [partʃa] | bocado, pedaço (m) |
| patates | [patatæs] | batata (f) |
| patates püresi | [patatæs pyræsi] | puré (m) de batata |
| patlıcan | [patlıdʒan] | beringela (f) |
| peynir | [pæjnir] | queijo (m) |
| pişmiş | [piʃmiʃ] | cozido |
| pirinç | [pirintʃ] | arroz (m) |
| pisi balığı | [pisi balı:] | halibute (m) |
| pizza | [pizza] | pizza (f) |
| porsiyon | [porsijon] | porção (f) |
| portakal | [portakal] | laranja (f) |
| portakal suyu | [portakal suju] | sumo (m) de laranja |
| proteinler | [protæinlær] | proteínas (f pl) |
| reçel | [rætʃæʎ] | doce (m) |
| reçel, marmelat | [rætʃæʎ], [marmælat] | doce (m) |
| rejim, diyet | [ræjim], [dijæt] | dieta (f) |
| ringa | [riŋa] | arenque (m) |
| rom | [rom] | rum (m) |
| süt | [syt] | leite (m) |
| süt kaymağı | [syt kajmaı] | nata (f) do leite |
| sütlü kahve | [sytly kahvæ] | café (m) com leite |
| sütlü kokteyl | [sytly koktæjʎ] | batido (m) de leite |
| sığır eti | [sı:r æti] | carne (f) de vaca |
| sıcak | [sıdʒak] | quente |
| safran | [safran] | açafrão (m) |
| sahanda yumurta | [sahanda jumurta] | ovos (m pl) estrelados |
| sakız kabağı | [sakız kabaı] | curgete (f) |
| sakız, çiklet | [sakız], [tʃiklæt] | pastilha (f) elástica |
| salça, sos | [saltʃa], [sos] | molho (m) |
| salata | [salata] | salada (f) |
| salatalık | [salatalık] | pepino (m) |
| sandviç | [sandvitʃ] | sandes (f) |
| sarımsak | [sarımsak] | alho (m) |
| sardalye | [sardaʎʲæ] | sardinha (f) |
| sazan | [sazan] | carpa (f) |
| sebze | [sæbzæ] | legumes (m pl) |
| sinek mantarı | [sinæk mantarı] | agário-das-moscas (m) |
| sirke | [sirkæ] | vinagre (m) |
| siyah çay | [sijah tʃaj] | chá (m) preto |
| siyah biber | [sijah bibær] | pimenta (f) preta |
| siyah bira | [sijah bira] | cerveja (m) preta |
| siyah frenk üzümü | [sijah fræŋk juzymy] | groselha (f) preta |
| siyah kahve | [sijah kahvæ] | café (m) puro |

| | | |
|---|---|---|
| soğan | [soan] | cebola (f) |
| soğuk | [souk] | frio |
| soğuk meşrubat | [sojuk mæʃrubat] | refresco (m) |
| som balığı | [som balı:] | salmão (m) |
| som, somon | [som], [somon] | salmão (m) |
| sosis | [sosis] | salsicha (f) |
| soya | [soja] | soja (f) |
| spagetti | [spagætti] | espaguete (m) |
| su | [su] | água (f) |
| sucuk, sosis | [sudʒuk], [sosis] | chouriço (m) |
| susam | [susam] | sésamo (m) |
| tütsülenmiş jambon | [tytsylænmiʃ ʒambon] | presunto (m) |
| tütsülenmiş, füme | [tytsylænmiʃ], [fymæ] | fumado |
| tabak | [tabak] | prato (m) |
| tahıl, tane | [tahıl], [tanæ] | grão (m) |
| tahıllar | [tahıllar] | cereais (m pl) |
| tane | [tanæ] | grãos (m pl) de cereais |
| tarçın | [tartʃın] | canela (f) |
| tat | [tat] | sabor, gosto (m) |
| tatlı | [tatlı] | doce, açucarado |
| tatlı | [tatlı] | sobremesa (f) |
| tatlı su levreği | [tatlı su lævræi] | perca (f) |
| tatlı, lezzetli | [tatlı], [læzzætli] | gostoso |
| tavşan eti | [tavʃan æti] | carne (f) de coelho |
| tavuk eti | [tavuk æti] | galinha (f) |
| taze meyve suyu | [tazæ mæjvæ suju] | sumo (m) fresco |
| tereyağı | [tæræjaı] | manteiga (f) |
| tirbuşon | [tirbyʃon] | saca-rolhas (m) |
| ton balığı | [ton balı:] | atum (m) |
| turşu | [turʃu] | em vinagre |
| turna balığı | [turna balı:] | lúcio (m) |
| turp | [turp] | rabanete (m) |
| tuz | [tuz] | sal (m) |
| tuzlu | [tuzlu] | salgado |
| ufak kek | [ufak kæk] | bolo (m) |
| un | [un] | farinha (f) |
| uskumru | [uskumru] | cavala (m), sarda (f) |
| uzunlevrek | [uzunlævræk] | zander (m) |
| vejetaryen | [vædʒætariæn] | vegetariano |
| vejetaryen kimse | [vædʒætariæn kimsæ] | vegetariano (m) |
| vermut | [værmut] | vermute (m) |
| vişne | [viʃnæ] | ginja (f) |
| viski | [viski] | uísque (m) |
| vitamin | [vitamin] | vitamina (f) |
| votka | [votka] | vodca, vodka (f) |
| yılan balığı | [jılan balı:] | enguia (f) |
| yağ | [ja:] | toucinho (m) |
| yağlar | [ja:lar] | gorduras (f pl) |
| yaban mersini | [jaban mærsini] | mirtilo (m) |
| yabani çilek | [jabani tʃilæk] | morango-silvestre (m) |
| yayın | [jajın] | siluro (m) |
| yeşil çay | [jæʃiʎ tʃaj] | chá (m) verde |

| | | |
|---|---|---|
| **yeşil salata** | [jæʃiʎ salata] | alface (f) |
| **yeşillik** | [jæʃiʎik] | verduras (f pl) |
| **yemek** | [jæmæk] | prato (m) |
| **yemek** | [jæmæk] | comida (f) |
| **yemek kaşığı** | [jæmæk kaʃı:] | colher (f) de sopa |
| **yemek tarifi** | [jæmæk tarifı] | receita (f) |
| **yemişler** | [jæmiʃler] | bagas (f pl) |
| **yengeç** | [jæŋætʃ] | caranguejo (m) |
| **yenir mantar** | [jænir mantar] | cogumelo (m) comestível |
| **yerfıstığı** | [jærfıstı:] | amendoim (m) |
| **yoğunlaştırılmış süt** | [jounlaʃtırılmıʃ syt] | leite (m) condensado |
| **yoğurt** | [jourt] | iogurte (m) |
| **yulaf** | [julaf] | aveia (f) |
| **yumurta** | [jumurta] | ovo (m) |
| **yumurta akı** | [jumurta akı] | clara (f) do ovo |
| **yumurta sarısı** | [jumurta sarısı] | gema (f) do ovo |
| **yumurtalar** | [jumurtalar] | ovos (m pl) |
| **zehirli mantar** | [zæhirli mantar] | cogumelo (m) venenoso |
| **zencefil** | [zændʒæfiʎ] | gengibre (m) |
| **zeytin** | [zæjtin] | azeitonas (f pl) |
| **zeytin yağı** | [zæjtin jaı] | azeite (m) |

www.ingramcontent.com/pod-product-compliance
Lightning Source LLC
LaVergne TN
LVHW051301080426
835509LV00020B/3100

*9781784926144*